AF401970

DE LA

PROHIBITION DES PACTES

SUR

SUCCESSION FUTURE

EN DROIT ROMAIN ET EN DROIT FRANÇAIS

THÈSE POUR LE DOCTORAT

PAR

HIPPOLYTE BEYRAND

AVOCAT A LA COUR D'APPEL
LAURÉAT DE LA FACULTÉ DE POITIERS
*Concours de 1882 : 1re mention de droit romain,
2e mention de droit civil.*

PARIS

LIBRAIRIE NOUVELLE DE DROIT ET DE JURISPRUDENCE

ARTHUR ROUSSEAU

ÉDITEUR

14, RUE SOUFFLOT ET RUE TOULLIER, 13

1887

THÈSE

POUR LE DOCTORAT

DE LA
PROHIBITION DES PACTES

SUR

SUCCESSION FUTURE

EN DROIT ROMAIN ET EN DROIT FRANÇAIS

THÈSE POUR LE DOCTORAT

L'ACTE PUBLIC SUR LES MATIÈRES CI-APRÈS

Sera soutenu le jeudi 30 juin 1887, à 2 heures 1/2

PAR

HIPPOLYTE BEYRAND

AVOCAT A LA COUR D'APPEL
LAURÉAT DE LA FACULTÉ DE POITIERS
*Concours de 1882 : 1ʳᵉ mention de droit romain,
2ᵉ mention de droit civil.*

Président : M. LABBÉ

<table>
<tr><td rowspan="3">Suffragants</td><td>{</td><td>MM. DUVERGER</td><td>Professeur</td><td rowspan="3">}</td><td rowspan="3">Agrégés</td></tr>
<tr><td></td><td>LARNAUDE</td><td></td></tr>
<tr><td></td><td>LE POITTEVIN</td><td></td></tr>
</table>

PARIS

LIBRAIRIE NOUVELLE DE DROIT ET DE JURISPRUDENCE

ARTHUR ROUSSEAU

ÉDITEUR

14, RUE SOUFFLOT ET RUE TOULLIER, 13.

1887

A LA MÉMOIRE VÉNÉRÉE DE MON PÈRE

A MA GRAND'MÈRE, A MA MÈRE

A MES PARENTS, A MES AMIS

DROIT ROMAIN

CHAPITRE PREMIER

PROHIBITION DES PACTES (1) SUR SUCCESSION FUTURE

1. — Les lois romaines nous donnent de nombreux exemples de choses futures faisant l'objet d'une obligation (ll. 73 pr., 75 § 4, D. *de v. o.*, 45, 1). Ce sont des choses qui, n'existant pas actuellement, doivent ou peuvent exister un jour : comme, par exemple, l'enfant qui naîtra de telle esclave, les fruits que tel fonds produira. On ne saurait trouver dans leur caractère de biens à venir un motif qui mette obstacle à ce qu'elles deviennent la matière d'un contrat. Seulement une obligation de choses futures est, en général, subordonnée à cette condition implicite :

---

(1) Nous employons ici le mot « *pactes* » dans le sens très général de convention. Cette expression n'est pas heureuse, car, en Droit romain, les *pactes* formaient une classe de conventions à part ; mais nous croyons devoir nous conformer à la terminologie consacrée par un usage constant de notre matière.

si la chose vient à exister (1), qui la rend plus ou moins aléatoire.

2.—Il peut aussi arriver que la convention soit affectée d'un terme, elle est alors purement aléatoire. Ainsi nous faisons un contrat comme il suit : je vous vends ma prochaine récolte, quelle qu'en soit la valeur, fût-elle même nulle. Cette récolte peut être complètement anéantie par la grêle, le prix m'en sera dû néanmoins. A vrai dire, l'objet de la vente consiste moins ici en une chose future qu'en une chance et les Romains donnent un nom particulier au contrat dont nous parlons, ils l'appellent *emptio spei.* (L. 8, § 1. D. 18, 1. — L. 11, § 18, *in fine* ; l. 12, D. 19, 1). Par contre, on désigne sous le nom d'*emptio rei speratæ* la vente d'une chose future proprement dite.

3. — Les deux espèces de contrats ne produisant pas les mêmes effets, il importe de savoir, à l'occasion, si l'on est en présence d'une *emptio spei* ou bien d'une *emptio rei speratæ.* Toute la difficulté réside dans la connaissance de la volonté des parties, qui n'apparaît pas toujours nettement.

On a posé (2) la règle d'interprétation qui suit : il y a *emptio rei speratæ* lorsque l'on a vendu des

---

(1) Accarias, t. II, n° 509 et p. 240, note 1.—Paul (L. 73, pr. *supra*) attribue à cette stipulation le caractère de stipulation à terme (*dilationem*). Mais ce point de vue n'est pas exact, au moins en thèse générale.

(2) Van Wetter, *Cours de Droit romain*, t. II, § 226, II, éd. 1872.

choses futures à tant l'unité de nombre, de poids ou de mesure; il y a *emptio spei* dans le cas contraire, c'est-à-dire lorsqu'on a vendu des choses futures en masse et pour un prix unique. Nous préférons comme plus naturel l'avis de Molitor (1), d'après lequel, dans le doute, la vente d'une chose future est toujours conditionnelle, c'est-à-dire n'oblige l'acheteur à payer le prix, que lorsque la chose existe.

Mais nous ne devons pas entrer plus avant dans l'examen de cette question; nous avons posé un principe, voyons une importante restriction.

4. — Nous avons constaté que le caractère de chose future ne s'oppose pas à ce qu'une chose fasse l'objet d'un contrat.

Cependant les conventions sur succession future sont prohibées. (L. 61, D. *de v. o.* 45, 1; 1. 16, D. *De suis et legit. her.*, 38, 16; 1. 4. C., *De inutil. stipul.*, 8, 39). La succession non ouverte d'une personne est évidemment une chose future, car elle n'existe pas actuellement, c'est la mort seule de cette personne qui lui donnera naissance; de plus, elle existera un jour à venir, car tout homme est destiné à la mort. Or, ce n'est pas dans le caractère de chose future que nous trouvons le motif de la prohibition.

____

(1) Molitor, *Obl. en Droit romain*, t. 1, p. 479, n° 375. — Voy. aussi Duranton, XVI, n° 172.

Il nous faut donc rechercher le fondement de cette règle.

5. — Ajoutons que la prohibition ne s'applique pas seulement aux pactes sur succession future, elle s'étend même aux manifestations de volonté unilatérales par rapport à une succession non ouverte. Il sera intéressant d'en donner aussi la raison.

CHAPITRE II.

6. — L'analyse, confirmée par les textes, permet de ranger les conventions sur succession future, d'abord, en deux grandes classes, suivant que deux tiers contractent relativement à la succession d'une personne vivante ou que cette personne elle-même prend un engagement sur sa propre succession.

A ces deux classes, il faut en ajouter une troisième qui renferme un seul type de conventions, les renonciations, empruntant à chacune des premières, mais assez importante pour être mise à part.

Cette classification est absolument nécessaire pour comprendre les motifs qui ont déterminé les Romains à porter la défense que nous étudions, car ces motifs varient suivant les cas et il n'est pas possible d'en trouver un seul qui suffise à expliquer la prohibition d'une manière générale.

§ 1. — **Conventions par lesquelles deux tiers contractent relativement à la succession d'une personne vivante.**

7. — Une personne qui a des droits éventuels à une succession fait donation des biens dépendant de cette hérédité qu'elle espère recueillir un jour. La loi 29, § 2, D. *De donat.*, 39, 5, nous dit qu'une pareille donation est nulle à cause de cette hâte malhonnête qui fait agir l'héritier avant la mort de son parent (*quoniam adversus bonos mores et jus gentium festinasset*).

Une hypothèse intéressante, régie par les mêmes principes, est prévue par la loi 2, § 2, D. *De vulgari et pup. substitut.*, 28, 6. Dans cette loi, Ulpien nous parle d'une substitution pupillaire faite par un père de famille après avoir exhérédé son fils par son testament. Il est de règle en cette matière que si le testament paternel manque son effet, le testament pupillaire est par là même infirmé, en vertu de ce principe que le testament du père et celui du fils n'en formant, pour ainsi dire, qu'un seul, la substitution pupillaire emprunte son existence et sa validité aux dispositions que le père fait pour son propre compte ; son sort est lié au sort de celles-ci (l. 2 pr., § 4, D. *cod.*).

Or, voici l'espèce du jurisconsulte : un père de famille institue Titius pour son héritier, puis il exhérède son propre fils encore enfant, auquel il substitue pupillairement le même Titius en le chargeant de restituer l'hérédité de l'enfant à Gaïus.

Si Titius répudie l'hérédité, ou bien s'il ne fait par adition suivant le testament du père, il empêche le premier testament de produire son effet : la substitution pupillaire est infirmée et le fidéicommis tombe en même temps. Mais le fidéicommissair peeut forcer Titius à faire adition et à lui restituer l'hérédité. (*Inst.*, § 6, liv. II, t. XIII.)

Les choses se passent ainsi au cas où l'enfant est déjà mort, mais si l'enfant est vivant, on ne peut pas forcer l'héritier à faire adition parce qu'il est *malhonnête* d'agir pour l'hérédité d'une personne encore en vie : *improbum esse eum qui sollicitus est de vivi hereditate*, nous dit Ulpien d'après Julien. Ce dernier, dans la loi 27, § 4, D. *Ad sn. c. Treb.*, 36, 1, donne, en effet, le même motif à cette impossibilité de forcer l'héritier à faire adition du vivant du fils (1).

Une raison semblable est reproduite dans une

(1) Il en donne aussi un autre qui ne nous semble pas d'une exactitude parfaite ; on ne peut pas forcer l'héritier, dit-il, à faire adition de l'hérédité du père ; d'abord, *parce que le fidéicommis a été fait sous condition ;* ensuite, parce qu'il n'est pas honnête d'agir pour l'hérédité d'une personne vivante. Quelle est donc cette condition qui affecte le fidéicommis ? C'est, sans doute, la condition que l'hérédité du fils viendra à l'héritier inscrit. Cette condition n'étant pas encore arrivée, le jurisconsulte dit qu'elle empêche les réclamations du fidéicommissaire. Mais son raisonnement n'est pas exact, car nous avons des textes nombreux qui nous prouvent que l'on peut forcer le fiduciaire à faire adition de l'hérédité avant l'arrivée de la condition qui affecte le fidéi-

constitution des empereurs Dioclétien et Maximien
qui forme la loi 4, C. *de inut. stipulat.*, 8, 39, et au
sujet d'une stipulation. « L'on n'a aucune action en
vertu d'une stipulation sur succession future qui est
contraire aux bonnes mœurs, nous disent les empereurs. »

Nous trouvons donc partout un motif d'honnêteté
et de décence publiques, invoqué pour interdire
toute convention, tout acte, fait par des tiers sur la
succession d'une personne encore vivante ; on prohibe
ces conventions et ces actes parce qu'ils intéressent
les parties ou l'une d'elles à la mort d'un tiers, parce
qu'ils éveillent dans le cœur de l'homme un *votum
mortis* malhonnête.

8. — Des interprètes modernes (1) ont contesté la
valeur de ce motif d'apparence très exact, prétendant
que, s'il pouvait expliquer la prohibition, il ne saurait
la justifier pleinement ; qu'il conduirait, d'ailleurs,
aux conséquences les moins acceptables, notamment
à la suppression de toute espèce de successions.

Nous croyons, au contraire, le motif parfaitement
juste : on ne saurait nier qu'il y a par trop d'indéli-
catesse à spéculer sur l'éventualité de la mort d'un

---

commis (Voy. ll. 31, § 2 ; 63, § 7. D. 36, 1). La condition ne suffirait
donc pas, dans notre espèce, pour faire repousser la demande du
fidéicommissaire ; si elle n'était accompagnée de ce motif vraiment légitime, que le jurisconsulte nous donne à la suite et qu'Ulpien a seul
retenu avec juste raison.

(1) Accarias, t. II, p. 239, note 2.

homme, et, sans redouter qu'un contrat de ce genre
ne se transforme bien souvent en « arrêt de mort » (1)
un législateur, soucieux de la dignité des mœurs,
doit interdire un pareil trafic. Si l'on nous objecte
que nous arriverions ainsi à supprimer toute espèce
de successions, nous répondrons qu'il faut supposer
l'honnêteté des gens jusqu'à preuve contraire et que
l'on ne doit pas prêter de mauvais désirs aux héritiers présomptifs d'une personne, rien qu'en cette
qualité de successibles.

9. — Ajoutons que le motif invoqué s'accorde
parfaitement avec le caractère du peuple romain, qui
était porté par sa nature superstitieuse à voir dans
certains signes l'indice de funestes événements.
« Une parole d'un devin, dit Cicéron (*de div.*, II,
72), l'inspection d'une victime, un mot qu'on entend
dire, un oiseau qu'on voit passer, un chaldéen ou un
haruspice qu'on rencontre, l'éclair qui brille, le
tonnerre qui retentit, la vue d'un objet frappé de la
foudre, le fait le plus insignifiant, le plus ordinaire,
quand il nous semble prédire quelque chose, tout
sert à nous épouvanter, et il ne nous est pas possible
de goûter un moment de calme. Il semble que le
sommeil devrait être pour nous une sorte d'asile
où nous nous reposerions de nos peines et de nos
fatigues, et c'est pendant le sommeil que prennent

______

(1.) M. Laboulaye emploie cette expression, p. 390, *Recherches sur la
condition civile et politique des femmes.*

surtout naissance nos soucis et nos terreurs » (1). Ce passage du philosophe nous fait très bien saisir les sentiments qui animaient les Romains à l'égard des pactes sur succession future : ils y voyaient les plus mauvais présages, les vœux les plus malfaisants et ils les poursuivaient , en conséquence , d'une énergique réprobation.

10. — Jusqu'ici nous nous sommes placé dans l'hypothèse où les deux parties traitaient sur une succession non ouverte en connaissance de cause, sachant bien que le *de cujus* était en vie, et nous avons constaté qu'un motif d'honnêteté s'opposait à la validité d'un pareil contrat. Examinons le cas où les contractants ont considéré par *erreur* la succession comme ouverte. Dans cette hypothèse, il est évident que la nullité de l'obligation n'a pas pour cause son immoralité ; les parties ont traité en toute bonne foi, croyant le *de cujus* décédé, pour régler leur situation respective sur le patrimoine de celui-ci, rien de plus naturel ; elles n'auraient sans doute pas fait une semblable convention si elles l'avaient su encore en vie. Mais leur contrat n'en est pas moins nul, car il manque d'objet : les parties ont entendu traiter sur une succession qu'elles croyaient d'ores et déjà ouverte ; cette succession n'existe pas, car il n'y a pas de succession d'une personne vivante, et leur

______

(1) Nous empruntons cette traduction à M. Gaston Boissier, *Religion des Romains,* t. I, p. 25 et 26.

contrat n'a pas d'objet. C'est bien là ce que nous montrent deux lois du Digeste, l'une de Pomponius, l'autre de Paul, dont nous devons donner l'explication.

La première qui est la loi 1 au Digeste, *De hered. vel act. vend.*, 18, 4, est ainsi conçue : « *Si hereditas venierit ejus qui vivit aut nullus sit, nihil esse acti quia in rerum natura non sit quod venierit* ». Dans la seconde, qui forme la loi 7, *eod. t.*, Paul s'exprime en ces termes : « *Cum hereditatem aliquis vendidit esse debet hereditas ut sit emptio; nec enim alea emitur ut in venatione et similibus, sed res, quæ si non est, non contrahitur emptio et ideo pretium condicetur* ». L'hypothèse, que prévoient ces textes, semble bien être celle que nous étudions, à savoir la vente de la succession d'un vivant entre personnes qui croient à tort cette succession ouverte. Les jurisconsultes ne le disent pas en propres termes, mais cela résulte, croyons-nous, de l'ensemble de chacun des textes.

C'est bien ainsi que Pothier les entendait quand il disait dans son *Traité de la vente*, n° 525 : « Il faut que celui dont on vend l'hérédité ait existé et soit mort; car il ne peut y avoir d'hérédité d'un homme qui n'a jamais existé ou qui est encore vivant (ll. 1 et 7, D., *De hered. vel. act. vend*). C'est pourquoi, si par erreur quelqu'un a vendu l'hérédité de son parent qu'il croyait mort et qu'il se trouve vivant, la vente est nulle et ne produit aucune obligation de part ni d'autre (*eod.*, l. 1) ».

11. — Cependant des auteurs considérables (1) ont pensé que ces deux lois visaient le cas de la vente d'une succession future entre personnes qui savent cette succession non ouverte, ils n'ont pas été frappés du motif qu'elles donnent à la nullité de cette vente. Pomponius et Paul l'attribuent, disons-nous, non pas à son caractère d'immoralité, mais à cette idée qu'une succession future est une chose qui n'existe pas et sur laquelle, par conséquent, on ne saurait valablement contracter.

Cette explication, qui est absolument contraire à notre théorie sur les choses futures, a été reproduite par M. Accarias (2) dans les termes suivants : « Sans doute, comme tous les vivants sont destinés à la mort, rien n'est plus certain en soi que l'existence future d'une succession non encore ouverte ; mais cette succession existera-t-elle à l'égard de celui qui en dispose ? et si oui, que contiendra-t-elle ? Voilà ce qui n'est pas certain ; car l'héritier présomptif peut être exclu par un testament et, dans tous les cas, il peut mourir avant la personne dont la succession est en jeu... »

12. — Nous ne croyons pas le raisonnement décisif, car, s'il était exact, on pourrait l'appliquer à tout contrat sur une chose future quelconque pour le déclarer nul : on se trouve toujours en présence des mêmes

(1) Troplong, *Vente*, t. I, § 245.
(2) T. II, p. 239, note 2, 3ᵉ édit.

incertitudes et à raison de la vente d'une chose future quelconque, on peut dire : Cette chose existera-t-elle à l'égard de celui qui en dispose ? et si oui, que contiendra-t-elle, ou bien quelle sera sa qualité, sa valeur?

La succession dont il s'agit n'échoira peut-être pas à celui qui en dispose, sa composition aussi est incertaine ; mais n'avons-nous pas établi dès le commencement de cette thèse que la convention faite sur une chose future, succession ou autre, était par cela même une convention conditionnelle, subordonnée à l'existence de la chose, objet du contrat ? Il n'y a donc rien d'étonnant à ce que la condition vienne à défaillir ; mais le contrat est valable jusqu'à l'événement.

13. — Reprenons, d'ailleurs, chacun des deux textes que nous avons cités et voyons de plus près ce qu'ont voulu dire les jurisconsultes. Dans le premier, Pomponius met l'une à côté de l'autre la vente de l'hérédité d'un vivant et la vente de l'hérédité d'une personne qui n'a jamais existé et il les déclare nulles toutes les deux pour le même motif : parce que les choses vendues n'existent pas. Cette assimilation ne serait pas juste s'il était vrai que le jurisconsulte ne visât pas le cas d'erreur des parties ; en effet, les deux espèces de vente, entendues comme on veut les entendre, n'ont aucun rapport commun : la première porte sur une chose future, l'autre sur une chose inexistante. Il n'y a là rien de semblable.

Au contraire, que Pomponius assimile la vente de

la succession d'une personne qui n'aurait jamais existé et celle de la succession d'une personne vivante entre gens qui croient à tort cette succession ouverte, cela est très naturel, car les deux ventes ont pour objet une chose inexistante : dans la première, de fait et de droit, dans la seconde, de droit et suivant l'erreur des parties, qui, ayant en vue une succession ouverte, ne traitent pas du tout sur la succession future du *de cujus*.

Pomponius commettrait donc ici une véritable confusion. Est-il possible de la lui imputer après ce qu'il a écrit dans la loi 8, pr., D. 18, 1, où il distingue si nettement en ces termes la vente nulle pour défaut d'objet de la vente d'une chose future : « *Nec emptio nec venditio sine re quæ veneat potest intelligi et tamen fructus et partus futuri recte emuntur ?* »

14.— Quant au texte de Paul, il est encore plus clair: concevrait-on que le jurisconsulte mît en opposition, au point de vue de l'*alea* à courir, la vente d'une succession future entre personnes qui savent cette succession non ouverte et celle du gibier qu'un chasseur se promet de tuer ou autres cas semblables, celle-ci présentant un *alea* qui n'existerait pas dans l'autre ? Ces deux ventes sont parfaitement aléatoires et l'on ne saurait dire que dans la première l'*alea* ne vient pas en ligne de compte.

Les explications que nous avons précédemment données sur les obligations de choses futures nous sont ici précieuses et nous dispensent d'entrer dans de longs détails pour faire comprendre que la vente d'une succession non ouverte, comme celle d'une chose future, est toujours plus ou moins aléatoire.

Il n'est donc pas possible de donner du texte de Paul une interprétation satisfaisante dans le système que nous combattons, tandis que, notre hypothèse admise, tout s'explique facilement. En effet, si les parties croient la succession déjà ouverte, elles ne font pas, au moins dans leur intention, un contrat aléatoire et le jurisconsulte a raison de dire alors : « *nec enim alea emitur* » ; il ne s'agit ni d'une *spes hereditatis*, ni d'une *hereditas sperata,* mais bien d'une succession sur laquelle le vendeur croit avoir des droits actuels. Ces droits n'existant que dans la pensée des contractants, le jurisconsulte déclare avec raison la vente nulle parce qu'elle manque d'objet.

§ 2.— Conventions par lesquelles une personne prend un engagement relatif à sa propre succession

15. — La loi 61, au Digeste, *de v. o,* 45, 1, nous dit que les conventions de cette sorte sont de nul effet, parce qu'elles sont *contraires aux bonnes mœurs* : « *Stipulatio hoc modo concepta : si heredem me non feceris, tantum dare spondes? inutilis est, quia contra bonos mores est hæc stipulatio.* »

Ce texte, qui repousse en termes si énergiques

une convention de succéder, est particulièrement intéressant ; il s'agit là d'une stipulation de peine accom-
pagnant le contrat de succession. Titius a stipulé de
moi : Promets-tu de me donner la somme de 100, si tu
ne me fais pas ton héritier ? je le lui ai promis. Mais la
stipulation d'une peine ne saurait rendre valable un
pareil contrat, qui est malhonnête de la part du stipulant et cette turpitude de la part du stipulant n'est
pas autre chose que l'espérance inhumaine de voir
mourir celui qui doit lui donner ses biens en héritage,
ce *votum mortis* que poursuivent de leur flétrissure
et de leur mordante ironie les poètes de l'ancienne
Rome (1). Nous devons nous arrêter devant ces atta-
ques nombreuses qui sont la matière de ces satires ;
elles nous montrent une société non exempte de scan-
dale, ni de honte. Il y avait à Rome des gens faisant
métier de courir les successions, ils exerçaient sans
pudeur leur coupable industrie, captant les testaments
de vieillards affaiblis de corps et d'esprit. Il ne fallait
pas les rendre plus dangereux encore en leur permettant de se faire instituer héritiers par contrat et de se
mettre ainsi à l'abri de tout retour de volonté de la
part de l'instituant. Tel est le but auquel visent les
jurisconsultes lorsqu'ils établissent la prohibition en
expliquant leur décision par quelques mots très brefs
et très énergiques : *quia contra bonos mores est hæc
stipulatio.*

(1) Juvénal, sat. IV, 18 ; Horace, l. II, sat. V. 24.

16. — Ce n'est pas là, d'ailleurs, le seul motif de la prohibition. Une autre raison s'en trouve très nettement formulée dans la loi 15, C. *de pactis*, 2, 3. Un père, en mariant sa fille et dans l'*instrumentum dotale*, lui a promis de partager sa succession par portions égales entre elle et son frère; l'engagement pris par le père est nul et *n'a pu lui enlever la liberté* de faire son testament comme il l'entendra.

Les romains attachaient la plus grande importance au droit de disposer de ses biens pour après sa mort, c'est un de ceux qui dominent leur législation. On connaît leur attachement pour l'hérédité testamentaire qui, entre autres avantages, leur permettait d'assurer le culte des ancêtres, en le faisant passer à l'homme de leur choix. La liberté du testament doit donc être protégée, tout citoyen doit la conserver intacte jusqu'à sa mort, car c'est pour lui plus qu'un droit, c'est une magistrature et un devoir.

17. — Notons, en second lieu, que le formalisme romain s'opposait absolument à la transmission du patrimoine en dehors des procédés établis. Et même sans se préoccuper de la liberté du disposant, on ne peut reconnaître la validité d'une convention qui viole les formes règlementaires de l'institution d'héritier. C'est par un testament et non par un contrat que l'on peut disposer de sà succession : « *hereditas extraneis testamento datur*», dit la loi 5, C. *de pactis conv.*, 5, 14, et elle montre clairement par la précision de sa for-

mule comme par les exemples qui l'accompagnent, que la seule manière de disposer de sa succession, des biens qu'on laissera à son décès, c'est d'employer une forme solennelle, qui est le testament.

18. — Ici nous devons résoudre une question, qui a été soulevée par les premiers interprètes du Droit romain, à savoir si la législation romaine, qui s'opposait formellement à l'institution d'un héritier par contrat, ne prohibait pas aussi la *donation de biens à venir*.

Quoique ces deux contrats portent l'un et l'autre sur les biens qu'une personne laissera à son décès, on peut relever entre l'institution d'héritier par contrat et la donation de biens à venir certaines différences, qui servent à les distinguer et qui expliquent une divergence d'opinion sur la question que nous venons de signaler.

19. — Pour montrer ces différences, supposons les deux contrats permis et voyons la situation respective : 1º de l'héritier par contrat ; 2º du donataire de biens à venir.

La personne *instituée par contrat* serait un véritable héritier, qui devrait posséder tous les droits et subir toutes les charges d'un héritier ordinaire. Le *donataire de biens à venir*, au contraire, celui à qui l'on aurait donné les biens qui se trouveraient dans une succession, ne serait pas un héritier au sens propre du mot, il ne serait qu'un successeur *in universum jus defuncti*.

De là toute une série de conséquences : 1° Le *donataire de biens à venir* serait tenu des dettes en vertu de ce principe que les dettes d'une universalité sont la charge inséparable de son actif, mais il n'en serait tenu qu'*intra vires* ; l'*héritier contractuel*, au contraire en serait tenu *ultra vires* comme tout autre héritier ; 2° ce dernier succéderait aux *sacra privata*, comme aux biens du défunt, aucun autre que lui ne pouvant désormais recevoir la qualité d'héritier. Au cas de *donation de biens à venir*, le disposant conserverait la faculté de faire un testament ; l'héritier, appelé par ce testament, succèderait aux *sacra* du défunt, à ses biens aussi, sauf à les délivrer au donataire ; il serait tenu des dettes *ultra vires*, sauf son recours contre le donataire, en vertu de la maxime : *ubi emolumentum, ibi onus esse debet.* D'ailleurs cet héritier aurait plus qu'un droit théorique dans la succession du disposant : la loi falcidie lui permettrait, en effet, de retenir le quart de l'hérédité.

Nous avons donc trouvé certaines différences entre l'institution d'héritier par contrat et la simple donation de biens à venir, et l'on peut concevoir que le Droit romain tolérât celle-ci en prohibant celle-là.

20. — Certains commentateurs et plusieurs interprètes (1) regardent, en effet, la donation

—

(1) Molitor, *Obligat. en Dr. rom.*, t. II, p. 319. — Van Wetter, *Cours de dr. rom.*, t. II, p. 185.—Fabre, *De error. praginat.*, XLVIII, 6, n° 5.

de biens à venir comme valable. Mais nous croyons
que cette opinion ne s'accorde pas avec les principes.
En effet, malgré les différences que nous avons signa-
lées entre la donation de biens à venir et l'institution
d'héritier par contrat, la donation de biens à venir
porte une atteinte profonde, quoiqu'indirecte, à la
liberté du testament ; de plus, elle satisfait mal les
exigences du formalisme romain qui a posé des règles
sur la manière de disposer de ses biens pour après son
décès, sans autoriser la donation qui nous occupe.

Fabre répond, il est vrai, que la donation de biens
à venir ne porte pas atteinte au droit de tester du
donateur ; qu'elle implique au contraire, nécessairement la présence d'un héritier véritable, afin d'opé-
rer la tradition des biens donnés après la mort du
donateur : « *Tantum abest ut hæc donatio impediat
ne donator possit heredem aliquem habere testamen-
tarium, ut e contrario necesse sit donatoris heredem
aliquem esse ad hoc ut donatio effectum sortiri possit.
Quis enim dominium posset transferre in dona-
tarium mortuo jam donatore si heres nemo esset ?* »

Mais, dit M. de Savigny (1), cet argument n'est pas
soutenable ; si la donation est valable, le donataire
devient créancier du donateur et peut faire valoir ses
droits après la mort de son débiteur, qu'il y ait ou
qu'il n'y ait pas d'héritier. En l'absence de tout héri-

____

(1) Traduct. Guenoux. t. IV, p. 147.

tier, le créancier atteint son but par une *missio in pos-
sessionem* de la succession vacante.

21. — Nous voyons donc que cette opinion est contraire aux principes. Peut-elle s'appuyer sur quelques
textes ? nous ne le croyons pas. On invoque, il est
vrai, en sa faveur, la loi 35, C. *De donat.*, 8, 54,
dont le paragraphe 4 est ainsi conçu : « *Sed et si quis
universitatis faciat donationem, sive bessis, sive dimi-
diæ partis suæ substantiæ, sive tertiæ, sive quartæ, sive
quantæcumque, vel etiam totius, si non de inofficiosis
donationibus ratio in hoc reclamaverit, coarctari donatorem legis nostræ auctoritate tantum quantum donavit
præstare...* » Cette loi confirme, il est vrai, la donation universelle de tous biens ; mais l'universalité
dont il est ici parlé comprend-elle les biens à venir
avec les biens présents ? C'est ce dont il est permis de
douter à cause des mots « *coarctari donatorem præstare,* » qui semblent bien indiquer qu'il est ici question de choses exigibles du vivant même du donateur.
En cas de donation de biens à venir, comment pourrait-on obliger le donateur à livrer ce qu'il a promis,
puisque les biens donnés sont ceux qui se trouveront
dans la succession ; ce serait seulement à ses héritiers que pourrait s'adresser le donataire.

On oppose, en outre, la loi 8, au code, 8, 56, dont
voici le texte : « *Si unquam libertis patronus filios non
habens bona omnia vel partem aliquam facultatum
fuerit donatione largitus et postea susceperit liberos :*

totum quidquid largitus fuerat, revertatur in ejusdem donatoris arbitrio ac ditione mansurum. » Cette loi reconnaît au patron sans enfants le droit de faire une donation universelle en faveur de son affranchi ; mais rien ne prouve dans le texte que cette donation comprenne des biens à venir ; tout au contraire, il semble qu'il ne s'agisse ici que de biens présents, parce que la fin du texte décide que tout ce que le père avait donné lui ferait retour, reviendrait à sa disposition (*arbitrio ac ditione*), s'il avait des enfants par la suite, la loi 8 suppose donc un dessaisissement de la part du patron.

Les textes invoqués par le système opposé ne sont donc pas probants le moins du monde. Ajoutons que si la donation de biens à venir eût été permise, on ne comprendrait pas qu'il ne fût traité nulle part des nombreuses questions qu'elle aurait soulevées et notamment des droits et des obligations du donataire vis-à-vis de l'héritier et des créanciers de la succession.

22.—Pour tous ces motifs, nous adoptons le système d'après lequel la donation de biens à venir n'était pas valable en Droit romain et cela d'une façon tout à fait générale : nous n'admettons pas la restriction que fait M. de Savigny à cette règle : il prétend que la donation d'une quote-part des biens présents et à venir est valable, car pour la portion réservée il existe, dit-il (1), une succession véritable et efficace.

(1) *Op. cit.*, p. 148.

Sans doute, l'atteinte à la liberté du testament est
moins grave dans cette hypothèse, mais elle n'en est
pas moins certaine, et les principes que nous avons
rappelés au n° 20 s'appliquent encore ici avec la même
force.

Enfin nous allons présenter à notre tour des textes
qui nous paraissent favorables à notre système.

Nous citerons particulièrement la loi 19, C. *De
pactis*, 2, 3, que nous allons analyser ; mais d'abord,
présentons quelques observations sur un autre texte,
la loi 5, C. *De pactis conv.*, 5. 14, que nous avons
déjà eu l'occasion de mentionner. Elle est ainsi conçue : « *Hereditas extraneis testamento datur. Cum igi-
tur adfirmes dotali instrumento pactum interpositum
esse vice testamenti, ut post mortem mulieris bona ejus
ad te pertinerent, quæ dotis titulo tibi non sunt obligata :
intellegis nulla te actione posse convenire heredes seu
successores ejus, ut tibi restituantur, quæ nullo modo
debentur* ». Il a été convenu entre un mari et sa femme
dans l'*instrumentum dotale*, qu'à la mort de celle-ci,
ses biens paraphernaux appartiendraient au mari,
« *bona ejus ad te (maritum) pertinerent* » ; cette convention est déclarée nulle assurément par la raison
qu'il n'est pas permis de disposer par contrat des
biens qu'on laissera après sa mort et les empereurs
ne s'occupent pas de savoir si elle comprend une institution d'héritier ou non. Ils ne voient là qu'un seul
fait : une personne dispose de ses biens pour après

sa mort, et cela suivant un procédé qui ne doit pas servir à cet usage.

Nous n'insistons pas cependant sur la force probante de cette loi parce qu'elle renferme certains mots un peu délicats à interpréter dans notre sens, nous reconnaissons qu'elle ne vise pas seulement la donation de biens à venir, mais aussi l'institution par contrat, à cause des mots « *hereditas, vice testamenti* ». Mais de ce que la loi 5 s'occupe de l'institution par contrat, il ne faudrait pas en conclure qu'elle ne vise pas en même temps la donation de biens à venir ; nous croyons que ses termes très généraux « *ut bona ejus ad te pertinerent* » s'appliquent aux deux conventions.

23. — Quoi qu'il en soit de la loi 5, nous avons un autre texte plus précis, c'est la loi 19, C. *De pactis*, 2, 3. Elle prévoit le cas où deux soldats, deux frères, au moment de la bataille, conviennent réciproquement que la fortune de celui qui viendra à mourir appartiendra au survivant : « *ut ad eum qui superstes fuisset, res ejus cui casus finem vitæ attulisset, pertinerent* » ; et elle déclare valable entre militaires une pareille convention qui, entre simples particuliers, ne vaudrait même pas comme donation à cause de mort. Cependant ici les parties ne parlent pas de s'instituer héritières l'une de l'autre ; elles conviennent simplement : « *ut is, qui supervixerit, alterius rebus potiatur* ». Or, une pareille convention n'est pas autre chose qu'une donation de biens à venir ; c'est donc bien prohiber presque formellement la donation de biens à venir entre simples particuliers.

24. — Cujas (1) présente sur la question qui nous occupe un système particulier que nous devons réfuter à son tour. Dans son commentaire sur la loi 35, C. *De donat.*, 8, 54, après avoir constaté que la donation *omnium bonorum* est valable, il se demande s'il en est de même de la donation de biens présents et à venir et il répond par une distinction : à l'époque où le simple consentement parfait la donation, comme l'établit Justinien dans la loi 35, la donation est valable même en ce qui concerne les biens futurs : ainsi l'hypothèque se constitue par le simple consentement sur les biens futurs comme sur les biens présents.

Mais si la donation ne se parfait que par la tradition corporelle, comme avant Justinien, il est évident que la donation d'une chose future est impossible, parceque l'on ne peut pas faire tradition de choses qui n'existent pas encore. Cependant il ne s'en suit pas que la donation de biens présents et à venir soit nulle tout entière, sous prétexte que la nullité de la donation de biens à venir vicie la donation de biens présents qui est valable en soi. Il vaut mieux dire, ajoute Cujas, en s'appuyant sur de nombreuses décisions de Justinien, que la partie utile d'une donation n'est pas viciée par l'inutile.

(1) T. IX, *c.* 1348, D.

Ainsi, d'après Cujas, la donation de biens à venir ne se faisait pas dans le Droit romain primitif, parce qu'elle était matériellement impossible ; cette impossibilité matérielle étant levée dans le droit de Justinien, les principes ne s'opposaient pas à ce qu'elle fût pratiquée.

25. — Nous sommes bien forcé de reconnaître que l'illustre jurisconsulte n'a pas échappé à une confusion. Il croit, en effet, qu'à partir de Justinien, la convention de donation confère un droit réel sur la chose donnée. Or, jamais la seule convention de donner n'a eu cette puissance, pas plus sous Justinien qu'avant lui ; une telle convention, qui autrefois ne créait aucune espèce d'obligation à la charge du donateur, emporta seulement à partir de ce prince, nécessité d'exécuter et cela est si vrai que Justinien lui-même la présente comme une simple *justa causa tradendi*. (*Inst.*, l. II, t. 1, § 40, *De divis. rerum*).

Voici le raisonnement que fait Cujas : à partir de Justinien, la convention de donner suffit à conférer un droit réel au donataire. On a donc pu dès lors donner des choses futures comme on pouvait déjà hypothéquer ces mêmes choses ; avant lui, au contraire, une telle donation ne pouvait se réaliser, parce qu'une tradition était nécessaire pour la parfaire et que la tradition de choses futures était impossible. C'est bien comme nous l'avons dit, dans une prétendue impossibilité de parfaire la donation de biens à venir que Cujas voit, seulement pour le droit antérieur à Justinien, le motif de la nullité des donations de biens à venir. Or, son système n'est pas exact et il laisse la question entière : si une pareille donation avait été possible après Justinien, elle l'eût été aussi avant lui. Sans doute, le donataire n'aurait pas acquis un droit réel sur la chose à lui donnée, parce qu'il eût été impossible au donateur de faire tradition d'une chose future ; mais il serait devenu créancier de la prestation de cette chose, au moyen d'une promesse qui en aurait fait un véritable donataire. Cujas oublie précisément qu'avant Justinien, la *stipulation* produit ce résultat, de même qu'à partir de ce prince, une simple *convention* de donner suffit à elle seule pour obliger le donateur.

26. — La distinction proposée par Cujas laisse donc la question entière, sans ébranler notre système. Concluons en affirmant que la donation de biens à venir, a été prohibée de tout temps comme attentatoire à la liberté du testament.

§ 3. — Conventions par lesquelles un successible renonce à ses droits dans une succession non ouverte.

27. — Celui qui a renoncé par avance à la succession d'une personne encore vivante n'en peut pas moins, après la mort de celle-ci, faire adition d'hérédité ou demander la *bonorum possessio*. (L. 94, D. *De adq. vel omit. hered.*, 29, 2.)

On ne peut pas dire que ces conventions soient immorales comme donnant naissance chez l'une des parties au souhait coupable de mort ; tout au contraire, ces conventions auraient pour résultat, si elles étaient valables, de mettre les parents à l'abri des mauvais sentiments de leurs héritiers, puisqu'elles enlèveraient au successible tout espoir de recueillir une succession sur laquelle il avait des droits éventuels. La seule crainte que l'on pût concevoir c'est que celui-ci n'oubliât ses devoirs de famille envers un parent dont il n'attendrait plus rien désormais.

On pourrait cependant considérer ces conventions comme immorales de la part d'un père de famille qui exigerait de son enfant une renonciation à ses droits successifs. Mais tel n'était pas le point de vue de la législation romaine, au moins tant que la loi des XII Tables fut en vigueur et que le père jouit de la liberté de dépouiller ses enfants en faisant un testament ; alors, en effet, on ne devait pas regarder comme immorales des renonciations volontairement consenties, puisque le père était libre d'exclure ses enfants de sa succession. Il n'en serait pas de même dans notre droit actuel qui fait au père un devoir strict de laisser à chacun de ses enfants une part de sa succession, comme l'acquittement d'une dette de famille ; et peut-être quand les idées romaines sur les devoirs de famille se modifièrent et qu'on reconnut aux enfants injustement dépouillés le droit de faire tomber le testament paternel par la *querela inofficiosi testamenti*, peut-être alors en vint-on à reconnaître aux renonciations anticipées un certain caractère d'immoralité.

28. — Quoi qu'il en soit, nous ne relevons rien dans les textes qui nous montre que les jurisconsultes aient été frappés de cette idée. Nous y voyons seulement que les renonciations étaient prohibées parce qu'elles permettaient de *déroger à des lois d'ordre public*, aux lois des successions. Il importe de bien saisir l'exactitude de ce motif. Pour cela, nous avons sur notre hypothèse quelques textes que nous allons parcourir. Les lois 16, D. *De suis et leg. her.*, 38, 16, et 3, C. *De coll.*, 6, 20, déclarent nulle la convention par laquelle une fille s'engage, en recevant sa dot, à ne rien réclamer dans la succession de son père, et en conséquence, ces textes décident que, nonobstant l'engagement qu'elle a pris, la fille pourra réclamer sa part de succession *ab intestat*, sauf à faire la *collatio dotis* à ses frères restés en puissance.

Cette renonciation ne saurait modifier les droits successoraux de la fille, nous dit la loi 16, parce que la volonté des particuliers ne peut prévaloir sur celle du législateur, « *privatorum enim cautionem legum auctoritate non censeri* » ; elle ne peut changer le droit civil qui appelle la fille à la succession *ab intestat* de son père, elle n'a pas force de loi contre les lois d'ordre public (1).

Le même motif ressort aussi de la loi 35, C., *De inoff. test.*, 3, 28. Justinien, dans ce texte, suppose qu'un père, faisant une donation à l'un de ses enfants, est convenu que celui-ci n'intenterait pas la *querela* contre son testament, et il décide que l'enfant donataire pourra néanmoins attaquer le testament, pourvu toutefois qu'après le décès du père il ne se soit pas engagé envers les héritiers à ne pas intenter son action.

Le motif qui détermine Justinien, c'est bien le respect dû à la loi des successions : « *neque enim credendum est, romanum principem qui jura tuetur, totam observationem testamentorum multis vigiliis excogitatam atque inventam velle everti.* » L'empereur ajoute aussi une réflexion fort sage qu'il emprunte aux *Réponses* de Papinien et que nous trouvons aussi reproduite dans les *Sentences* de Paul (1. IV, t. V, § 8) sur la même hypothèse : *meritis magis filios ad paterna obsequia provocandos, quam pactionibus adstringendos*, il vaut mieux encourager par des bienfaits les enfants à remplir leurs devoirs envers leurs parents, que de les y forcer par des conventions obligatoires.

(1) V. Cujas, t. IV, c. 1333, C.

29. — A côté de la renonciation au droit d'intenter la *querela*, Justinien prévoit une autre hypothèse voisine qu'il résout dans le même sens. Il décide que si le père, en faisant une donation entre-vifs à son fils, a déclaré vouloir que cette donation s'*imputât sur la légitime*, cette déclaration de volonté n'est pas obligatoire pour le fils.

La même décision était-elle reçue à l'époque classique ? Ulpien professe un avis tout opposé dans la loi 25, pr., D. *De inoff. testam.*, 5, 2, il déclare que la volonté du père doit être observée et que la valeur des biens donnés entre-vifs doit s'imputer sur la légitime. Mais on croit généralement que son opinion n'était pas suivie par les autres jurisconsultes.

30.—Sans prendre dès maintenant parti sur le bien ou mal fondé de la doctrine d'Ulpien, nous devons reconnaître que les textes invoqués en sens contraire ne nous semblent pas formels. Ils ne prévoient pas, croyons-nous, l'hypothèse de l'imputation.

Le premier est la loi 16, D., 38, 16, que nous venons d'étudier. Papinien y expose qu'un père, après avoir doté sa fille, lui fait promettre « *ne quid aliud ex hereditate patris speraret* ». Cette clause n'est qu'une renonciation anticipée à la succession du père, qui a de tout temps été considérée comme nulle. On ne peut voir là une imputation sur la quarte jusqu'à due concurrence ; les expressions du jurisconsulte sont trop précises : *ne quid aliud spe-*

raret, dit-il. La fille n'a rien à espérer de plus, elle renonce entièrement à la succession de son père. En cas d'imputation, au contraire, ses droits postérieurs seraient réservés.

Un autre texte sur lequel on s'appuie est celui de Paul (*Sent.*, loi IV, t. V, § 8). Il vise l'hypothèse où le fils donataire a renoncé à la *querela* et il décide très justement que cette convention n'est pas valable. « La décision est très juridique, dit notre savant maître, M. Labbé (1). De la part du fils, renoncer avant l'ouverture de la succession de son père à se plaindre des dispositions de ce dernier, c'est bien plus que consentir à imputer sur la légitime une donation, c'est se déclarer à l'avance rempli de sa quarte ; c'est renoncer à ses droits sur la succession de son père, ce qui est interdit ». Par la clause d'imputation, au contraire, le père n'exige pas la renonciation du fils à sa succession, il l'empêche seulement de cumuler et la libéralité et la portion légitime. Il y a entre les deux cas une certaine différence et le même texte, pour viser le premier, ne décide pas nécessairement le second.

Enfin la question de l'imputation n'est pas non plus tranchée par la constitution d'Alexandre Sévère qui figure au Code sous la loi 3, *De collat.*, 6, 20; ce texte reproduit à peu près les mêmes termes que la loi de Papinien, on ne saurait y voir autre chose que la

____

(1) Dissertat. sur le *calcul de la réserve*, p, 19, note 1.

défense de renoncer à la succession : *nullum ad bona paterna regressum haberet.*

31. — Mais de ce que l'opinion d'Ulpien n'est combattue par aucun jurisconsulte de son époque, au moins d'après ce qui nous semble, s'ensuit-il qu'elle soit parfaitement d'accord avec les principes ? M. Accarias (1) fait très justement remarquer que les termes dont se sert Ulpien ne sont pas absolument formels : *potest dici*, écrit le jurisconsulte, *on peut dire* ; c'est donc qu'il est aussi possible de dire autrement. Les textes ne témoignent d'aucune controverse, croyons-nous ; mais il ne s'en suit pas que toute discussion soit impossible sur le terrain des principes.

M. Labbé, dans la savante dissertation à laquelle nous avons déjà emprunté, soutient avec une grande force l'opinion d'Ulpien. « N'y a-t-il pas quelque chose de choquant, dit-il, dans cette décision (de Justinien) qui ne tient aucun compte d'une volonté exprimée, d'une charge très licite imposée par le père donateur ?... Il peut ne rien donner ; il peut donner sous toute espèce de condition licite, même sous des conditions potestatives : il peut donner à cause de mort ; et il ne pourrait pas faire une donation qui, à tous autres égards irrévocable, sera, quant à la légitime, régie comme donation à cause de mort ! »

(1) *Précis de Dr. romain* t. Ier, p. 957, 4e édit.

32. — Sans doute, nous reconnaissons combien est favorable dans l'espèce la donation faite par le père; mais nous croyons qu'elle est contraire à la règle qui prohibe les pactes sur succession future. On nous répond, il est vrai, en invoquant la loi 30, C., 2, 3, où Justinien admet la validité de ces pactes dans le cas où le *de cujus* a donné son consentement au contrat. Mais ce texte n'est pas aussi large que l'on croit et nous renvoyons aux explications que nous donnerons plus tard en l'interprétant: il autorise seulement les pactes sur succession future faits par des tiers avec le consentement du *de cujus;* mais il ne saurait aller plus loin et permettre les engagements pris par une personne sur sa propre succession, sans rendre à peu près illusoire la règle qui prohibe ces conventions.

CHAPITRE III.

33. Tout acte, toute convention sur une succession non ouverte, sont considérés comme inexistants, avons-nous déjà établi.

Il suit de là : 1° que l'enfant, que la fille qui, en se mariant, a renoncé à la succession de son père, peut néanmoins faire adition à la mort de celui-ci pour recueillir sa part de succession *ab intestat ;*

2° Que celui qui a disposé par contrat de sa propre succession, peut encore faire un testament sans tenir compte de l'engagement qu'il a pris ; la personne envers laquelle a été contractée cette obligation n'a aucune action pour la faire exécuter ;

3° Que si l'héritier présomptif vend la succession qu'il espère recueillir un jour, il ne se trouve pas obligé envers son acheteur et celui-ci ne doit pas son prix. Toutefois l'acheteur peut obtenir des dommages et intérêts par l'action *ex empto* s'il a cru traiter sur une succession déjà ouverte ; quelle qu'ait été, d'ailleurs, la croyance du vendeur, qu'il fût de bonne ou de mauvaise foi : en effet, le vendeur répond de

son dol et de sa faute (ll. 3 et 11, D., *De per. et comm,*
18, 6) ; or, de deux choses l'une : ou bien le vendeur savait la succession non ouverte et il se rendait
coupable de dol ; ou bien il ne la savait pas non ouverte et il commettait une faute ; dans les deux cas,
il est tenu de réparer le préjudice qu'il cause à l'acheteur de bonne foi.

34. — Si l'héritier présomptif fait donation d'une
partie de la fortune d'un parent, qu'il compte voir un
jour devenir sienne, sa promesse ne l'oblige pas, il
n'est pas tenu de l'exécuter. Comme il sera la plupart
du temps de mauvaise foi, l'action *de dolo* compètera
au donataire de bonne foi pour obtenir, sinon la valeur de la chose, du moins la réparation du dommage
qui a pu lui être causé (L. 18, § 3, D., *De donat.,*
39, 5). Nous devons noter aussi que, par sa promesse, le donateur se plaçait dans un cas d'indignité
et se trouvait, par suite, exclu de la succession qu'il
avait promise et à laquelle il était ultérieurement appelé. « *Si quis vivi ignorantis bona, vel partim bonorum alicujus cognati donaverit, quasi indigno
aufertur (hereditas).*» (L. 2, § 3, D., *De his quæ ut ind.,*
34, 9. — LL. 29, 30, D., *De donat.,* 39, 5).

CHAPITRE IV

35. — Elles ne sont reliées entre elles par aucune idée juridique, on ne peut pas leur assigner une même cause ou bien en faire diverses classes qui dépendraient chacune d'une cause commune. Nous les trouvons établies suivant les cas par les lois du Digeste ou du Code. Elles ne furent pas toutes admises d'un seul coup, nous voyons de siècle en siècle restreindre la portée de la prohibition. C'est cette évolution de la jurisprudence ou de la volonté des empereurs qui nous servira de guide, à défaut d'autre méthode, dans l'exposé que nous allons faire.

36. — Mais nous devons, tout d'abord, montrer le mal fondé de certaines distinctions générales introduites dans le sujet de notre chapitre par les anciens interprètes du Droit romain qui, trouvant sans doute la prohibition trop rigoureuse, en avaient singulièrement restreint la portée.

37. — Dumoulin (1) considère, par exemple, les conventions de succéder *à titre universel* comme seules

(1) T. II, p. 848, *Cons.* XV, 3 et 4, n° 9.

prohibées ; les autres étaient permises, d'après lui.
On cherche en vain une bonne raison qui motive cette
manière de voir. Le jurisconsulte n'en donne pas.
Il est vrai que les lois romaines nous citent toujours
des exemples de conventions universelles ou à titre
universel ; mais devons-nous conclure de là que les
autres étaient tolérées ? Pas le moins du monde, car
les mêmes motifs de prohibition existent dans les
deux cas : On ne voit pas la raison de permettre la
vente de tel immeuble qui doit m'appartenir dans la
succession de Titius, quand la vente de cette succession tout entière m'est interdite. Si les textes ne parlent que des conventions universelles, c'est qu'elles
étaient les plus fréquentes ; mais les exemples qu'ils
choisissent ne délimitent pas leur portée. Du reste, il
serait bien peu logique de prohiber les conventions à
titre universel tout en autorisant les conventions à
titre particulier, car ces dernières fourniraient un
moyen efficace d'éluder la prohibition des autres.

38. —Le même Dumoulin (1) admet aussi en principe la validité de la renonciation, qu'il appelle *pactum
negativum*, convention négative, et déclare seulement
prohibée, lorsqu'elle est consentie par un descendant.
Sans doute encore les textes du Digeste et du Code,
où il est question de conventions négatives, prévoient surtout des renonciatious faites par des descendants ; mais c'est parce que ces hypothèses sont

____
(1) *Eod. consil.* XV, 5.

les plus fréquentes et les plus pratiques et l'on est
mal fondé à tirer de ces textes un argumennt *à contrario* pour autoriser tous successibles, autres que
les descendants, à renoncer par avance aux successions auxquelles ils peuvent être appelés. Le
silence des textes ne suffit pas pour asseoir cette opinion, il faudrait encore justifier la distinction entre
les descendants et les autres parents. Dumoulin
croit avoir satisfait à cette exigence lorsqu'il a dit que
l'hérédité n'est pas seulement déférée par la loi aux
descendants, mais qu'*elle leur est due : « legitimis
descendentibus quibus hereditas non solum a lege de-
fertur, sed etiam debetur.* » Cette idée assurément ne
manque pas d'une certaine exactitude, elle explique
les protections que la loi romaine a accordées aux
descendants injustement exhérédés ; mais, comme en
règle générale, un *créancier* peut renoncer à sa
créance, on ne voit pas en quoi ce titre ferait ici obstacle à une renonciation.

Nous savons, au reste, que la prohibition des
renonciations est principalement fondée sur ce motif
que les particuliers ne doivent pas, par de simples
conventions, déroger aux lois successorales qui sont
d'ordre public, ce motif s'applique tout aussi bien
aux conventions négatives consenties par un successible quelconque qu'à celles faites par un descendant.

Enfin la loi 174, § 1, *D. De reg. juris*, 50, 17, nous

semble condamner formellement le système de Dumoulin par ces mots : ce que l'on ne peut pas acquérir à volonté, on ne peut pas non plus le répudier, « *quod si quis, si velit, habere non potest, id repudiare non potest* » (1).

Ceux-là seuls avaient donc la faculté de renoncer à une succession qui auraient pu l'accepter; or, comme de toute évidence, on ne pouvait valablement faire adition d'une hérédité non ouverte, on ne pouvait non plus répudier valablement une telle succession.

39. — Voici enfin une dernière distinction des anciens interprètes. Ils croyaient que les conventions sur *successions indéterminées* étaient valables, et que l'on pouvait convenir *de hereditate incerti hominis*; étaient seulement interdites les conventions sur succession *déterminée*. Ils s'appuyaient sur un texte de Paul, la loi 3, § 1, D. *Pro socio*, 17, 2, dont ils étendaient la solution à des hypothèses différentes de celle prévue par le jurisconsulte. Celui-ci nous dit, en effet, que si l'on contracte une société de tous biens, les successions, les legs, les donations et tout ce que les contractants acquièrent pour quelque cause que ce soit, tombent en communauté : « *cum specialiter omnium bonorum societas coita est, tunc et hereditas et legatum, et quod donatum est, aut quaque ratione adquisitum, communioni adquiretur* ».

C'est là une exception au principe d'après lequel

(1) V. aussi loi 18, D. 29, 2.

les conventions sur succession future sont prohibées. On nous dit pour l'expliquer : « *hoc pactum turpe non est, quoniam est de incerta hereditate* » (1). Les conventions sur successsion future sont défendues parce qu'elles sont immorales, parce qu'elles éveillent un *votum mortis* ; or, quand ces conventions portent sur des successions indéterminées, elles cessent d'être immorales, elles ne sont plus faites en vue de la mort d'une certaine personne ; dès lors elles ne doivent pas tomber sous le coup de la prohibition. C'est pourquoi la convention prévue par la loi 3, qui porte *de incerta hereditate*, est permise. Ainsi raisonnent les anciens interprètes (2). Godefroy (Notes sur la loi 3, D., *pro socio, Corpus*, t. I, C. 503 *medio*) pose le principe, dont la loi 3 ne serait que l'application : *pacisci de heredi- tate viventis generaliter licet, at non specialiter.*

40. — Malgré de si hautes autorités et bien que cette opinion ait été suivie de nos jours par des jurisconsultes éminents (3), il nous paraît douteux qu'elle reproduise exactement la règle du Droit romain. Nous ne croyons pas que celui-ci ait autorisé d'une façon générale les conventions sur successions futures indéterminées, et cela pour deux raisons : 1° le silence des textes ; 2° la persistance du motif de prohibition

(1) Cujas sur Accurse, t. I, c. 1658 *supra*.

(2) Cujas, s. loi 23, D. 19, 1, t. VII, c. 791 A : « *Quia non est hæc conventio de successione hominis certi, sed incerti* ».

(3) Troplong, *Société*, t. I, n° 109 ; Larombière, *Oblig.* t. I, art. 1130, n° 7.

dans le cas de conventions sur successions indéterminées comme dans les autres.

1°. Le silence des textes. — En effet, la distinction entre les conventions sur succession déterminée et les conventions sur successions indéterminées, *de certa et de incerta hereditate*, ne trouve place dans aucune loi. Un seul exemple de convention sur successions indéterminées nous est fourni par le Digeste qui l'autorise. Nous verrons que les motifs de cette exception ne sont pas de ceux que l'on peut étendre d'un cas à un autre, nous dirons aussi que la convention, dans cette hypothèse, ne porte pas directement sur une succession, ce n'est là qu'un accessoire qui est valable par faveur pour le principal.

2°. De plus, si l'on avait admis l'exception générale dont il est ici question, le principe de prohibition aurait reçu une atteinte extrêmement grave. Supposons, en effet, que l'on tolère les conventions sur successions futures indéterminées : moi, Titius, qui attends la succession de mon père et veux en faire argent, je ne vous la vendrai pas nommément, ce qui m'est défendu ; mais je vous vendrai d'une manière générale les successions qui pourront m'échoir, et la première défense sera lettre morte.

Contracter *de incerta hereditate*, ne serait-ce pas bien souvent contracter *de pluribus certis hereditatibus* ? Toute personne, en général, sait quelles successions elle doit recueillir un jour et si elle

fait une convention sur les successions qui pourront
lui échoir, elle traite nécessairement sur des successions déterminées et non sur une succession quelconque. Ce qui nous montre bien qu'une convention
successorale ne cesse pas d'être contraire aux bonnes mœurs parce qu'elle porte sur des successions
indéterminées.

I. — *Société de tous biens.*

41. — Nous allons présenter l'explication que nous
préférons pour la loi 3, D., *pro socio*, et donner le vrai
motif de son fondement. Nous avons dit que l'on a
eu tort de vouloir généraliser l'exception qui en
résulte, en admettant la validité de toutes les conventions sur successions futures indéterminées. Cette
exception est particulière à la matière des sociétés
totorum bonorum et sa portée ne doit pas les dépas-
ser.

En effet, toute autre convention sur succession
future présente un caractère d'immoralité qui justifie
la prohibition. Ici, au contraire, nous ne trouvons
pas le même caractère d'immoralité et cela ne tient
pas, comme le disent les anciens interprètes, à ce
qu'un pareil contrat porte sur des successions indéterminées, mais bien à la situation respective des
parties l'une vis-à-vis de l'autre et au but qu'elles
veulent atteindre en contractant. Supposons la vente

d'une succession non encore ouverte, qui trouvons-nous en présence? quelles dispositions animent les contractants? Nous trouvons le plus souvent un fils de famille obéré ou bien un malheureux sans ressources, d'une part, et, de l'autre, un usurier, un homme malhonnête, qui saura tirer parti d'une fausse situation. Dans la société *totorum bonorum* au contraire, nous voyons des personnes, qui, animées les unes envers les autres d'estime et de confiance, mettent en commun toute leur fortune, les biens futurs avec les biens présents, pour les faire prospérer. La profonde différence des deux conditions justifie pleinement la différence des solutions.

De plus, il faut bien remarquer que le contrat de société ne s'est pas formé principalement en vue des successions qui pourront échoir aux associés ; les parties ont voulu mettre en commun tous leurs biens, quelle que soit leur origine, les successions doivent tomber, comme le reste, dans la communauté ; mais ce n'est qu'un accessoire, auquel les parties ne songeaient peut-être pas en contractant. Les mêmes dispositions ne se retrouvent pas chez celui qui vend simplement une succession future, ni chez celui qui l'achète ; au moment du contrat, ils désirent la mort du *de cujus,* qui mettra un terme au provisoire de leur convention.

Pour tous ces motifs, la loi 3, *pro socio,* a bien fait d'établir une exception en matière de société de

tous biens ; mais nous ne sommes pas autorisé à
l'étendre au delà de ses termes.

II. — *Adrogation d'un impubère.*

42. — Nous savons par la loi 18, D., *De adopt.*, 1, 7,
que celui qui voulait adroger un impubère ne le pouvait faire qu'à la condition de donner caution à un
servus publicus, avant Justinien ; à un *tabularius* (1),
sous ce prince, afin de garantir la restitution de tous
les biens qu'il tiendrait de l'impubère à ceux qui y
auraient eu droit si l'adrogé n'avait pas changé
d'état, au cas où l'adrogé mourrait impubère et
encore dans la famille de l'adrogeant.

Il y aurait beaucoup à dire sur une pareille caution qui renferme plus d'une dérogation à de nombreux principes; contentons-nous de faire remarquer
que c'est là une stipulation sur la succession future
de l'impubère adrogé, mais qui n'a rien d'immoral.
La loi l'ordonne, poussée par de très sages considérations. En principe, l'acquisition des biens de l'a-
drogé par l'adrogeant est immédiatement définitive ;
elle produit donc son effet en cas de prédécès de
l'adrogé comme dans tous les cas possibles. Mais ce
résultat blesserait l'équité dans une hypothèse où
l'adrogation n'a pas été, du côté de l'adrogé, l'œuvre
mûre et réfléchie d'une volonté suffisamment maî-

(1) Homme libre chargé de fonctions municipales.

tresse d'elle-même (1). On admet donc que les biens de l'adrogé mort impubère devront être restitués par l'adrogeant aux personnes qui auraient aujourd'hui le droit de les réclamer s'il n'y avait jamais eu d'adrogation. Pour assurer l'efficacité de cette restitution, l'empereur Antonin, qui permettait l'adrogation des impubères et avait par conséquent la charge d'en prévenir les mauvais effets, aurait pu créer directement une action contre l'adrogeant dans le but que nous avons précisé tout à l'heure. Il a mieux aimé la faire naître d'une stipulation. C'est un détour curieux, un ingénieux expédient, mais la stipulation en elle-même, comme on le voit, n'a rien que de très moral et de très favorable.

III. — *Promesse de la succession d'un esclave affranchi par son vendeur.*

43. — Lorsqu'une personne, ayant vendu un de ses esclaves , l'avait affranchi postérieurement à la vente, mais avant la tradition, elle était débitrice envers l'acheteur, non seulement de ce que l'esclave possédait à titre de pécule au temps de l'affranchissement, mais encore de ce qu'il acquérait par la suite ; de plus, elle devait donner caution à l'acheteur qu'elle lui remetterait tout ce qu'elle recueillerait dans la succession de l'affranchi. (L. 23, D., *De act. empti,* 19, 1).

____

(1) Accarias, t. I, p. 251, n° 112, 3 édit..

Une pareille stipulation de la part de l'acheteur ne présente rien d'immoral, car elle est faite en vertu d'une juste cause, la vente légitime, dont on cherche à faire produire les effets. Il n'y a pas ici de spéculation malsaine entre deux personnes avides, c'est la réparation du préjudice causé par l'affranchissement. D'ailleurs, l'action *ex emplo* procurerait à l'acheteur à peu près les mêmes avantages que sa stipulation. Quoi donc d'étonnant, si ce qui lui serait dû en dehors de toute convention, lui est aussi juridiquement assuré en cas de convention ?

IV. — *Divisio inter liberos.*

44. — A toute époque, une personne quelconque pût partager ses biens entre ses héritiers, en leur attribuant à chacun non pas seulement une portion de son avoir, comme un quart, un tiers, mais encore tel immeuble particulier, telle créance. On n'avait pour cela qu'à recourir à des institutions *ex certa re;* réputés alors institués *sine partibus*, les héritiers étaient tenus pour grevés les uns envers les autres, de legs *per præceptionem* ayant pour objet les choses désignées dans la part de chacun, et chacun recevait, en définitive, les *res certæ* qui, d'après la volonté du défunt, devaient composer son lot.

Les jurisconsultes du milieu du second siècle de l'ère chrétienne (1) constatent qu'il était permis aux

(1) Voy. 1. 20, § 3, D., *familiæ ercisc,* 10, 2.

pères de familles, sans recourir à un testament, sans dresser aucun écrit (*sine scriptura*), de partager leurs biens entre leurs enfants. Cette *divisio inter liberos* était considérée, non point comme une donation, mais comme un acte de dernière volonté (*supremi judicii divisio*), par lequel le père répartissait ses biens entre ses enfants, sans changer toutefois la vocation héréditaire des copartagés, qui recueillaient par conséquent leurs lots, non point comme héritiers testamentaires, mais bien en qualité d'héritiers *ab intestat* (*licet ab intestato fuerit successum.* —L. 16, C., *familiæ ercisc.*, 3, 36).

45. —Les effets de ce partage n'étaient pas tels qu'on pourrait le penser ; il n'était pas attributif de droits. A la mort du père, les enfants ne s'en trouvaient pas moins dans l'indivision ; seulement le juge de l'action *familiæ erciscundæ* devait, dans les attributions de lots qu'il faisait, respecter la volonté du père (L. 21, C., *familiæ ercisc*, 3, 36).

Ce partage était donc en droit l'œuvre du juge et ce qui émanait de l'ascendant donateur devait être considéré comme n'étant à proprement parler qu'un projet de partage. Cependant les dispositions de l'ascendant produisaient quelque effet de son vivant même. Les enfants pouvaient recevoir des mains de leur père les biens dont il leur avait fait partage. La preuve nous en paraît résulter de la loi 20, § 3, D. 10, 2, déjà citée, dans laquelle Ulpien nous dit, d'après Papinien, qu'il ne fallait pas confondre le partage fait par un père de famille avec une donation entre-vifs. C'est donc bien que la confusion était possible, parce qu'il était permis au père de délivrer de son vivant les lots à ses descendants. Ce fait se produisit surtout à partir du moment où les fils de famille reçurent de leur auteur, à titre de pécule, la jouissance et l'administration de ses biens.

Mais le père, conservant la propriété et la disposition des biens qu'il avait ainsi abandonnés, pouvait toujours revenir sur sa libéralité. Constantin le décide expressément (L. 2, C. Théod., 2, 24).

46. — Les empereurs apportèrent par la suite de nombreuses modifications à cette donnée première. La faculté de partage, considérée à l'origine comme un attribut de la puissance paternelle et exclusivement réservée au père de famille, fut étendue à la mère par Constantin (L. 2, C. Th., 2, 24), et à tous autres ascendants par Théodose et Valentinien (L. 21, § 1, C. *De test.*, 6, 23). Constantin décida aussi (L. 1, C. Th., 2, 24) que le partage fait par le père devrait être observé, alors même qu'il serait contenu dans un testament nul pour vice de formes. Il était juste que le partage contenu dans un testament irrégulier eût autant de valeur que celui qui était fait par un écrit quelconque ou même sans écrit.

Justinien, dans le but de bien fixer la volonté du disposant et d'éviter les procès entre les copartagés, exigea par sa Novelle 18, chapitre 7, que le père de famille qui ne partagerait pas ses biens entre ses enfants dans un testament régulier, dressât par écrit un état des objets composant chacun des lots, signé de lui ou de ses enfants.

47. — L'analyse que nous avons faite de cet acte original, qui s'appelle la *divisio inter liberos*, nous a montré qu'il ne ressemblait ni à la donation, puisqu'il était fait pour après la mort du disposant, ni au testament, dont il différait par la forme autant que par le fond : il ne contenait, en effet, aucune institution d'héritier, ne modifiait en rien la vocation héréditaire des copartagés qui conservaient leur qualité d'héritiers *ab intestat* avec toutes ses conséquences. Ainsi apercevons-nous l'exception que notre titre a signalée : par cet acte d'une nature spéciale une personne distribuait les biens qui devaient composer sa succession, contrairement à la règle d'après laquelle on ne pouvait disposer que par testament des biens qu'on laisserait à son décès.

48. — Avec la *divisio inter liberos* il ne faut pas confondre le *testamentum inter liberos*, institution du Bas-Empire, dont nous devons dire quelques mots.

Le *testamentum inter liberos* a été créé par Justinien. On l'a fait par erreur remonter plus haut, croyant en trouver l'origine dans la loi 21, § 3, C. *De test.*, 6, 23, qui reconnaît seulement la validité du partage fait dans un testament entaché de nullité.

Mais cette loi ne fait qu'appliquer une innovation de
Constantin, que nous connaissons déjà. Il n'y a pas
là création d'un nouveau testament, la vocation des
descendants partagés n'était pas une vocation testamentaire, mais *ab intestat,* comme nous le dit, d'ailleurs, la constitution de Constantin, « *licet ab instes-
tato ad successionem liberi vocentur* ». (Loi 26, C.
fam. ercisc, 3, 36).

49. — Justinien établit le testament *inter liberos*
par sa Novelle 107, chapitre 1. C'est un testament privilégié, soumis à des formes plus simples que celles
des testaments ordinaires, mais permis seulement aux
ascendants quand ils veulent faire une disposition au
profit de leurs descendants. Le testateur doit simplement dater son écrit, y mettre de sa propre main le
nom de ses enfants, indiquer en toutes lettres et non
en chiffres, la part attribuée à chacun d'eux. D'ailleurs, la liberté de l'ascendant n'était pas limitée à ces
dispositions ; par le même acte, mais seulement en
y ajoutant une déclaration devant témoins, il pouvait
faire des legs et des fidéicommis au profit d'étrangers,
faire aussi des affranchissements.

Les descendants institués dans un testament de ce
genre avaient la qualité d'héritiers testamentaires, ce
qui nous fait bien sentir la différence entre la *divisio
inter liberos* et le testament *inter liberos* : celui-ci
créant des héritiers testamentaires, comme toute
autre institution ; l'autre, simple acte de distribution,

ne changeant pas le caractère de la vocation *ab intestat* des descendants.

V. — *Renonciation du père à la succession de son fils émancipé.*

50. — Un père de famille s'est fait donner une somme à la condition qu'il n'attaquerait pas le testament de son fils émancipé. Il sera repoussé par l'exception de dol, nous dit la loi 1, § 3, D., 37, 12, s'il demande la *bonorum possessio contra tabulas*. Cette fin de non-recevoir n'est pas autre chose qu'une exception frappante à la règle qui prohibe les conventions sur succession future.

Accurse était mal satisfait de cette solution à laquelle il opposait celle qui nous est fournie par la loi 35, § 1, C., *De inoff. testam.*, 3, 28. Cette loi déclare nulle, en effet, la convention par laquelle un fils s'engage envers son père, moyennant une certaine somme, à ne pas attaquer le testament de ce dernier. Pourquoi dans la première hypothèse une action n'est-elle pas aussi donnée au père pour réclamer la succession de son fils ? Cujas (1) suppose judicieusement que dans notre hypothèse le père a reçu la part qui lui était due dans l'héritage du fils ; tandis que dans le cas de la loi 35, le fils a reçu moins que sa part et doit obtenir satisfaction.

(1) T. VIII, c. 147 A.

VI. — *Hypothèque des biens à venir.*

51. — Nous trouvons encore ici une nombreuse classe d'exceptions, dérivant toutes du désir de favoriser le crédit. La convention des parties pouvait, en effet, créer une hypothèque générale (L. 29 pr., § 3, D., *De pign. et hyp.*, 20, 1) et comprendre, par conséquent, les biens provenant de successions à venir comme les biens présents.

Justinien décida même qu'il ne serait pas nécessaire d'avoir fait mention des biens à venir dans la constitution d'hypothèque de tous biens pour qu'ils y fussent compris.

VII. — *Consentement du de cujus.*

52. — Justinien dans la loi 30, C., *De pactis*, admet que la convention faite par des tiers relativement à la succession d'une personne vivante est valable quand celle-ci lui a donné son consentement et a persisté dans les mêmes dispositions jusqu'au moment de sa mort. L'assentiment du *de cujus* fait disparaître toute crainte d'idées perverses dans l'esprit des contractants, nous dit l'empereur, pour expliquer cette exception.

Il ajoute qu'elle n'était pas inconnue avant lui, bien que ce soit lui qui la mette pleinement en lumière, « *licet a nobis clarius est introductum* ». On en

trouve, en effet, un exemple dans la loi 2. C. Théod.
2, 24, par laquelle Constantin autorise le partage des
biens de la mère avec le consentement de celle-ci (1).
Peut-être aussi ne serait-il pas impossible de voir
dans la loi 2, § 3, D. *De his quæ ut indignis*, 34, 9,
une allusion à cette idée ? Marcien y déclare exclu
de la succession comme indigne celui qui, du vivant
du *de cujus*, a fait donation des biens de celui-ci à
son insu (*vivi ignorantis*) ; ce qui permet de supposer
qu'au cas contraire, c'est-à-dire si le *de cujus* avait
autorisé la donation, elle eût été valable.

Toujours est-il que Justinien a le premier formulé
l'exception en termes précis.

53. — Une question se présente tout naturellement
à l'esprit : devons-nous l'étendre en dehors du cas
prévu par la loi 30, c'est-à-dire d'une convention
conclue par des tiers relativement à la succession
d'un vivant ? Devons-nous l'appliquer aux conventions
par lesquelles une personne prend un engagement
relatif à sa propre succession ou bien renonce à ses
droits dans une succession non ouverte ?

Nous croyons qu'il n'y a pas lieu de faire sortir
l'exception en dehors des termes de la loi 30 ; parce
que les motifs qui ont fait prohiber les conventions
dont nous parlons se retrouvent avec la même force,
que le contrat soit accompagné du consentement du *de
cujus* ou non.

(1) Nous avons déjà cité cette loi en parlant de la *divisio inter liberos*, p. 49).

Nous disons d'abord que l'exception ne doit pas s'appliquer aux engagements qu'une personne prend sur sa propre succession. Il est vrai que le disposant, étant toujours maître de revenir sur sa volonté première, d'après la constitution de Justinien, conserve tout entière sa liberté de tester ; mais ce n'est pas une raison décisive de permettre ces conventions même révocables, parce que le vrai motif de prohibition de ces conventions n'était pas seulement l'atteinte portée à la liberté de tester, mais encore l'impossibilité pour un citoyen romain de disposer de ses biens pour après sa mort d'autre façon que par testament.

Quant aux renonciations à des droits successifs, elles ne sont immorales que de la part de la personne dont la succession est en jeu et qui le plus souvent n'a d'autre but que de frustrer un de ses successibles dans ses droits héréditaires ; on ne peut donc raisonnablement faire dépendre la validité de ces renonciations de la volonté de la partie qui a poursuivi un but immoral en contractant. Nous avons, du reste, des textes qui nous prouvent que ces renonciations n'étaient pas valables même avec le consentement du *de cujus*. On peut voir à ce sujet toutes les lois que nous avons citées en parlant des renonciations (LL. 16, D., 38, 16 ; 3, C., 6, 20 et surtout la loi 35,§ 1er, C., 3, 28).

Terminons sur cette innovation de Justinien en faisant remarquer qu'elle introduisit une autre nouveauté dans le droit des partages. Le partage sans testament ne resta plus une faveur spéciale aux ascendants et toute personne put faire entre ses héritiers, enfants ou autres, le partage de ses biens, en dehors des formes solennelles des testaments. Il suffisait pour cela que les cohéritiers approuvassent le partage fait par leur auteur, qui demeurait toujours libre de révoquer ses premières volontés.

VIII. — *Promesse d'égalité.*

54. — Nous avons vu que la loi 15, C. *De pactis*, déclarait nulle la convention par laquelle le père, en mariant sa fille, lui promettait de partager ses biens par portions égales entre elle et son frère. L'empereur Léon, par sa Novelle 19, abroge cette loi, en faisant suivre sa décision des réflexions que voici : Une pareille convention, qui attribue une part égale à la fille et au fils dans la succession du père, n'est pas injuste le moins du monde ; elle ne fait que reconnaître une égalité naturelle. Il serait injuste, au contraire, d'autoriser le père à violer sa promesse en donnant moins à sa fille qu'à son fils, Sans doute cette convention porte atteinte à la liberté de tester du père de famille, mais il est plus équitable de tolérer cette atteinte que de permettre l'inégalité entre les enfants, surtout après une promesse de justice.

DROIT FRANÇAIS

PREMIÈRE PARTIE

CHAPITRE PREMIER

ANCIEN DROIT

55. — Notre ancienne législation était, sur la matière qui nous occupe, tout à fait différente de la législation romaine : les pactes sur succession future avaient dans l'ancien droit un champ d'application extrêmement vaste. Nous nous proposons de rechercher l'origine de ces dispositions, leur raison d'être, les influences diverses qui les avaient introduites et développées. Cette étude sera, avant tout, une étude historique ; elle nous expliquera la présence dans le Code civil, à côté de la prohibition générale reproduite du Droit romain, de certaines exceptions inconnues à cette législation. Prenant un à un les divers pactes autorisés, nous nous appliquerons à étudier les motifs qui les avaient fait admettre, les causes de leur développement, leur origine historique. Nous aurons aussi à tracer leur physionomie générale, à déterminer leur nature et leurs effets les plus remarquables ; mais seulement dans le but de les différencier les uns des autres et sans entrer, à ce point de vue, dans une étude approfondie de chacun d'eux : l'objet de notre travail, la prohibition des pactes sur succession future, ne comporte pas, en effet, le développement des exceptions, qui pourraient faire la matière d'une thèse spéciale.

§ 1ᵉʳ. — De l'Institution contractuelle.

56. — L'institution contractuelle est, comme son nom l'indique, un contrat par lequel une personne institue irrévocablement un héritier. C'est le plus important des pactes sur succession future permis dans l'ancien droit. Il est intéressant de rechercher les influences diverses qui lui donnèrent sa grande extension, de prendre parti sur le problème si difficile de ses origines, de la suivre dans son évolution jusqu'au moment où elle prend sa forme définitive et s'attache à des règles fixes.

57. — I. *Origine de l'institution contractuelle.* — Un premier point certain et sur lequel tout le monde est aujourd'hui d'accord, c'est que l'institution contractuelle ne tire pas son origine du Droit romain. Basnage, dans l'ancien droit la faisait venir de la Novelle 19 de Léon le Philosophe, que nous avons précédemment étudiée. Mais Laurière (1) relevait dans cette opinion un anachronisme. La Novelle 19 de Léon renferme bien une hypothèse de convention de succéder, la promesse d'égalité ; mais elle ne fut connue en France que par la traduction d'Agylæus en l'année 1560, c'est-à-dire plus d'un demi-siècle après la rédaction des coutumes qui autorisaient et réglementaient déjà l'institution contractuelle.

Laurière de son côté, après avoir si bien montré le peu de fondement de cette opinion, en émet une autre du même genre, qui a été suivie de nos jours par Merlin (2). L'institution contractuelle nous viendrait, d'après ce système de la loi 19, C., *De pactis*, appliquée d'abord par les feudistes aux chevaliers de la Lombardie, au XIIe siècle, à l'époque de la renaissance du Droit romain en Italie. Nous savons qu'il s'agit dans ce texte d'une disposition réciproque de dernière volonté intervenue entre deux soldats. Mais laissons parler Laurière lui-même (3). « Comme dans le temps que Gérardus Niger et Obertus de Orto composèrent les Livres des Fiefs, le droit de Justinien était enseigné publiquement dans les écoles d'Italie par de grands jurisconsultes.... ce pacte (*réglant une*

____

(1) *Traité des Institut. contract.*, t. Ier, ch. Ier, n° 15, p. 20.
(2) *Répert.* v°, *Instit. contr.*, § Ier, n° 1.
(3) *Op.* et *loco cit.*, n°s 23 et 24.

succession future), fut autorisé parce que les successions féodales furent regardées comme des successions militaires et les possesseurs des fiefs, qui dans
ce temps faisaient tous profession des armes, comme
des soldats, dont les dernières volontés, de quelque
manière qu'elles fussent exprimées, pourvu qu'elles
fussent écrites, étaient regardées dans le Droit romain comme des testaments, s'ils y avaient persisté
jusqu'à la mort.....

« Quand on eut admis les pactes par lesquels les
pères nobles, qui passaient en secondes noces,
excluaient de leurs successions les enfants qu'ils
avaient de leurs seconds lits, on admit aisément les
pactes par lesquels on disposait de sa succession en
faveur de ceux qui se mariaient ou de leurs enfants,
et c'est ainsi que les institutions contractuelles se
sont introduites, d'abord entre les nobles ou les personnes de guerre, et ensuite entre les roturiers ».

Une objection d'une certaine gravité se dresse contre ce système si l'on observe que dans la loi 19, C.
De pactis, il ne s'agit pas d'un véritable pacte sur succession future, mais bien d'un testament privilégié à
cause de la profession militaire : jamais à Rome les
soldats n'ont pu instituer un héritier par contrat,
leur testament était seulement dispensé des formes
ordinaires.

Cependant on peut admettre que les feudistes,
voyant dans la loi 19, à la suite des Glossateurs, une

convention de succéder entre deux soldats, au lieu
d'une disposition réciproque de dernière volonté, ont
fait application de cette loi aux possesseurs de fiefs
qui ressemblaient par plus d'un côté aux soldats
romains. Mais il en résulte seulement une plus grande
fréquence dans la pratique de l'institution contractuelle au moyen-âge parmi les gens d'épée, et l'on
ne peut voir là l'origine de l'institution contractuelle,
dont on trouve des traces bien antérieures.

Du reste, cette explication fût-elle vraie, elle ne
montrerait pas comment un usage primitivement
réservé aux successions féodales se serait étendu aux
successions roturières ; elle ne montrerait pas non
plus comment cet usage fut renfermé dans les seules
conventions matrimoniales.

58. — Il nous faut donc chercher ailleurs que dans
le Droit romain la source de l'institution contractuelle. Montesquieu lui attribue des origines purement féodales. Voici sa théorie telle que nous la
trouvons exposée dans l'*Esprit des lois* (1). « Les
fiefs étant devenus héréditaires, les seigneurs, qui
devaient veiller à ce que le fief fût servi, exigèrent
que les filles qui devaient succéder au fief et, je crois,
quelquefois les mâles, ne pussent se marier sans leur
consentement, de sorte que les contrats de mariage
devinrent pour les nobles une disposition féodale et
une disposition civile. Dans un acte pareil, fait sous

(1) L. 31, ch. 34 et dern. (Ed. Laboulaye).

les yeux du seigneur, on fit des dispositions pour la succession future, dans la vue que le fief pût être servi par les héritiers : aussi les seuls nobles eurent-ils d'abord la liberté de disposer des successions futures par contrat de mariage ». Ce système de Montesquieu, reproduit de nos jours par M. Laboulaye (1), montre très bien l'utilité pratique de l'institution contractuelle à l'époque féodale, nous insisterons nous-mêmes sur ce point particulier de notre histoire ; mais il a le tort très grave de méconnaître l'existence de l'institution contractuelle avant la féodalité, de ne l'apercevoir qu'à son état de virilité, sans tenir compte de son premier âge et des transformations par lesquelles elle a dû passer avant d'arriver au point où il l'envisage.

59. — On est, en effet, généralement d'accord aujourd'hui pour reconnaître que l'institution contractuelle a pris sa source dans le droit germanique. Telle était aussi l'opinion de certains auteurs de l'ancien droit, qui la faisaient dériver de la loi salique ; mais ils ne s'éclairaient pas encore de la vraie lumière, comme nous allons le voir. Voici comment s'exprimait Ricard (2) à ce sujet : « Notre loi salique a passé plus avant, en permettant à un père qui se remariait en secondes noces, de stipuler que les enfants qui naîtraient de ce mariage, se contente-

(1) *Condit. des femmes*, p. 391.
(2) *Donations,* 1re partie, n° 1053.

raient, pour toute part en sa succession, d'une certaine somme, comme nous l'apprenons du livre *de Feudis,* t. 29, *de filiis natis ex matrimonio ad morganaticam contracto,* où il est fait mention de cette loi. »

Guy Coquille (1) dit de même : « Cette usance de France, de faire des héritiers par contrat de mariage, dépend de l'ancienne loy salique rapportée au livre *de Feudis, in cap. unico, de filiis natis ex matrim. ad morganat. contract., tit.* 29, et est tenue pour loy lors même que les coutumes n'en ordonnent rien. »

Ces auteurs se sont mépris sur le véritable sens du titre 29 du second livre des fiefs. Dans ce texte, il est question d'un homme libre qui a un fils d'une femme noble et qui, devenu veuf, épouse une autre femme moins noble, à la condition qu'elle et les enfants à naître de ce second mariage n'auront de sa fortune que ce qu'il lui a donné en l'épousant : « *Quidam habens filium ex nobili conjuge, post mortem ejus non valens continere, aliam minus nolibem duxit: qui nolens existere in peccato eam desponsavit ea lege ut nec ipsa nec filii ejus amplius habeant de bonis patris quam dixerit tempore sponsaliorum : verbi gratia decem libras, vel quantum voluerit dare quando eam desponsavit : quod Mediolanenses dicunt accipere uxorem ad morganaticam : alibi, ex lege salica... »*
Ces derniers mots ont été compris en ce sens que

(1) *Coutume de Nivernais,* ch. XXVII, n° 12, éd. Dupin.

l'on appelait mariage *ad morganaticam* ou mariage *d'après la loi salique,* celui à l'occasion duquel intervenait la convention dont il est parlé dans le texte ; mais telle n'est pas la véritable pensée des auteurs des *libri Feudorum ;* ils ont simplement voulu dire ceci : que les Milanais appelaient mariage *ad morganaticam* ou mariage *d'après la loi salique,* celui dans lequel le mari donnait une dot ou un douaire à sa femme.

Laissons parler là-dessus Laurière (1), à qui cette confusion n'a pas échappé : « Pour faire entendre ce chapitre, il faut remarquer que *morganaticà,* qui est le morgincap des Allemands a été fait *de morghen* qui signifie *matin,* et de *gabe,* qui signifie *présent,* en sorte que le *morgincap* n'était autre chose chez la plupart des peuples du Nord que le présent que le mari faisait à sa femme le lendemain des noces...

« Chez les Lombards, ceux qui se mariaient constituaient dans le temps des épousailles des dots ou des douaires à leurs femmes, ce qu'ils prirent des mœurs de nos anciens Français, qui assignaient toujours ces dots à la porte de l'église, de l'avis du curé et des amis communs, comme il se voit dans les capitulaires de nos rois et nos anciens praticiens. Mais chez les Lombards, les maris ne donnaient à leurs femmes les actes nommés *libellos dotis* que le lendemain des noces seulement... »

(1) *Instit. contr.,* t. Ier, ch. Ier, n°s 17 à 20.

Laurière éclaire ensuite, au moyen de quelques auteurs, le chapitre du livre des fiefs rapporté ci-dessus, et il ajoute : « L'on voit à présent pourquoi chez les Lombards les mariages où il y avait constitution de douaire ou de dot, étaient tantôt dits contractés *secundum legem salicam* et tantôt *ad morganaticam*. Lorsque l'on ne les considérait que par rapport aux dots ou aux douaires, on disait qu'ils étaient contractés suivant la loi salique, parce que les douaires ou les dots avaient été introduits par la loi salique ou les mœurs de nos anciens Français, ainsi qu'il paraît par le canon 6 du concile d'Arles de l'an 524, par le chapitre 79 du 7e livre des Capitulaires et nos anciens praticiens. Et lorsqu'on les considérait par rapport à la tradition du titre dotal, que le mari ne donnait à sa femme que le lendemain des noces, on disait qu'ils étaient contractés *ad morganaticam*, parce que ces dots ou ces douaires étaient alors regardés comme le prix de la virginité des femmes, ou le présent qui leur était fait pour la première nuit des noces .» Il reste donc bien démontré que le mariage que les Milanais disaient contracté *ex lege salica* n'était pas celui qui était accompagné d'un pacte de succéder ; mais bien celui à l'occasion duquel le mari constituait une dot à sa femme. Ce n'est pas dans le mariage *ex lege salica* que l'on peut trouver la source de l'institution contractuelle.

60.— Il n'est pas possible de la voir non plus dans

le titre 37 de la loi ripuaire ainsi conçu : « *Si quis mulierem desponsaverit, quicquid ei per tabularum, seu chartarum instrumenta conscripserit, perpetualiter inconvulsum permaneat.* » Laurière (1) faisait remarquer aux auteurs de l'ancien droit, qui avaient émis cette opinion, que ce texte est placé sous la rubrique « *De dotibus mulierum* », dans lequel il n'est question que des dots constituées aux femmes par leurs maris et non pas des conventions de succéder.

61. — Les documents historiques les plus sérieux nous permettent de dire que l'origine de l'institution contractuelle se trouve dans une coutume germanique, qui nous est retracée par les anciennes lois des Francs et par les formulaires.

Comme tous les peuples primitifs, les Germains ne connaissaient pas le testament, disposition de dernière volonté, révocable jusqu'à la mort. Tacite (2) nous dit, à ce sujet : « *Heredes tamen successoresque sui cuique liberi et nullum testamentum.* » Toutefois les Francs employaient un procédé remarquable pour transmettre leur succession. Cet acte, appelé *adfatimie* (3), était une donation publique de la

----

(1) *Instit. contr.*, t. Ier, ch. 1, n° 12.

(2) *Germ.*, 20.

(3) Violet, *Histoire du droit*, p. 793. — La *lex salica emendata* l'appelle aussi *affatomie*. M. Pardessus établit dans sa onzième dissertation que le mot *affatomie* est un terme générique pour désigner toute convention relative à la transmission de la propriété. — Voy. l'édition de la loi salique de Hessels, avec les notes de Kern.

succession du donateur. On ne pouvait y procéder qu'à défaut de postérité. Nous trouvons la description de cette solennité dans le titre 46 de la loi salique. Les parties se présentent au mâl (le tribunal, l'assemblée). Un bouclier est arboré pour marquer le caractère légal de l'assemblée. Trois causes sont appelées ; après quoi le donateur s'avance avec un intermédiaire. Il lui transfère son patrimoine en lui jetant un fétu de paille ou de bois. La loi ne se contente pas de cette translation de propriété. Elle exige, en outre, une prise de possession manifestée par des actes extérieurs. Le donataire se tiendra dans la maison du donateur, il y recevra trois hôtes avec lesquels il mangera la soupe au même pot et recevra l'expression de leur reconnaissance. Tout cela doit se passer devant témoins. Mais ce nouveau possesseur ne doit pas garder ce qui lui a été transmis : il est tenu, au contraire, de transférer de nouveau le patrimoine aux personnes désignées pour recueillir la succession, et cette restitution doit avoir lieu au plus tard dans un délai de douze mois, à l'assemblée ordinaire du mâl ou au plaid royal (1).

Cet acte, qui paraît essentiellement irrévocable, n'était pas un testament au sens moderne. Ce n'était pas non plus le testament romain tel qu'il se pratiquait à l'époque classique, c'est-à-dire le testament

____

(1) Nous empruntons en grande partie cette description à M. Dareste, (*Journal des savants*, août-octobre 1883.)

écrit, secret et révocable. N'y aurait-il pas cependant quelque analogie entre cette institution germanique et le testament *per æs et libram* des premiers temps de Rome ? « Qu'est-ce, en effet, dit M. Dareste (*eod.*), que le testament *per æs et libram*, sinon une transmission des biens entre-vifs ? Le testateur transfère son patri-moine à un ami par l'acte solennel de la mancipation, et charge cet ami de remettre ce patrimoine ou de le distribuer à certaines personnes. L'opération offre ceci de remarquable que le *familiæ emptor* est toujours et nécessairement un tiers... »

Quoi qu'il en soit de l'exactitude de cette comparai-son, l'*adfatimie* germanique ressemble beaucoup plus à un contrat qu'au testament d'aujourd'hui. Deux personnes y prennent part, l'une pour donner, l'au-tre pour recevoir ; c'est de plus un acte irrévocable. Mais ce n'est pas une donation, puisque la personne gratifiée y est à plusieurs reprises qualifiée d'héri-tier. Qu'est-ce donc autre chose, sinon le germe de l'institution contractuelle, avec son caractère de don irrévocable de succession ?

62. — Assurément ce n'est pas encore là l'institution contractuelle comme on la trouve plus tard dans les coutumes et comme elle se pratiquait au moyen-âge : nous n'avons ici qu'un germe que nous allons voir se développer avec le temps ; peu à peu tous les carac-tères de l'institution contractuelle viendront s'ajouter aux deux premiers éléments que nous relevons dans la loi salique.

Déjà la loi ripuaire, révisée au VIIe siècle sous Dagobert, c'est-à-dire deux siècles après la première traduction latine de la loi salique, nous fournit un troisième élément, l'écriture. Son titre 48 ne manque pas d'analogie avec le titre 46 de la loi salique : « Si quelqu'un, y est-il dit (1), n'ayant ni fils ni fille, veut donner toute sa fortune en présence du roi, soit le mari à sa femme, soit la femme à son mari, soit enfin un parent à un autre ou même à un étranger, il peut, d'après la loi des ripuaires, adopter en hérédité, ou transmettre ses biens, soit par l'écriture, soit par la tradition et en employant des témoins. *Si quis procreationem filiorum vel filiarum non habuerit, omnem facultatem suam in præsentia regis, sive vir mulieri, sive mulier viro, seu cuicumque libet de proximis vel extraneis, adoptare in hereditatem, vel adfatimi per scripturarum seriem, super traditionem et testibus adhibitis, secundum legem ripuariam licentiam habeat* ». Nous constatons ici un progrès dans la formation de l'institution contractuelle. La formalité de la tradition, exigée par la loi salique, n'est plus obligatoire ; elle peut être remplacée par un écrit, *per scripturarum seriem*.

63. — Il convient toutefois d'observer que Lau-

____

(1) Walter, *Corpus*, t. I, p. 178.

rière (1) et Merlin (2) n'interprètent pas comme nous le faisons ce titre de la loi ripuaire : ils ne voient dans l'hypothèse prévue qu'une adoption. Laurière disait en parlant des auteurs qui, dans l'ancien droit, proposaient déjà notre système : « Ceux-ci ont aussi bien raisonné que s'ils avaient dit que ces institutions étaient en usage chez les Romains, parce que les adoptions y étaient pratiquées ». Nul doute qu'il ne se soit mépris sur le véritable sens du texte. Les mots « *adoptare in hereditatem* » n'ont pas d'autre signification que celle de *faire un héritier*. S'il s'agissait, en effet, d'une adoption pure et simple, on ne comprendrait pas que cet acte pût être fait entre époux, comme le dit le texte par ces mots : « *sive vir mulieri, sive mulier viro* ». N'est-il pas évident qu'il s'agit ici d'une simple institution d'héritier? Comment admettre, en effet, qu'il fût possible à la femme d'adopter son mari ou bien au mari d'adopter sa femme (3)?

64.— L'institution contractuelle tire donc bien son origine du droit germanique. « Les familles germaniques, dit M. Anouilh (4), n'avaient pas les mêmes préventions que les Romains contre les pactes sur succession future. La faveur des pactes successoires est un trait qui sépare profondément des Romains

(1) *Instit. contr.*, t. I, ch. 1, n° **13.**
(2) *Répert.*, v° *Instit. contr.*, § 1er, n° **1.**
(3) Bonnet, *Des dispositions par contrat de mariage*, t. I, p. 298.
(4) *Revue hist. de dr. franç. et étranger*, 1860, t. 6, p. 209.

les peuples d'origine germanique. Ces pactes deviennent d'un usage fréquent et populaire. » Grégoire de Tours (1) nous en rapporte un exemple mémorable dans le traité passé à Andelot en 587 entre Gontran, roi de Bourgogne, et son neveu Childebert, roi d'Austrasie. On règle dans ce traité, rédigé par écrit, la succession de Gontran et aussi celle de la reine-mère Brunehaut, qui figure également à l'acte.

Nous trouvons la même institution dans les lois des Lombards : « *Si quis res sua alii thingaverit,* lisons-nous au n° 173 du *liber papiensis Rothari* (2), *et dixerit in ipso thinx : lidinlaib, id est quod in die obitus sui reliquerit, non dispergat res ipsas postea doloso animo, nisi fruatur eis cum ratione. Et si talis ei evenerit necessitas, ut terram cum mancipiis aut sine mancipiis vendere aut loco pigneris ponere debeat, dicat prius illi cui thingavit :* « *Ecce vides quia necessitate compulsus res istas vado dare ; si tibi videtur, subveni michi, et res istas conservo in tua potestate. »* *Tunc, si noluerit ei subvenire, quod alii dederit sit illi stabile et firmum qui acceperit.* » Le caractère d'irrévocabilité de l'institution nous apparaît ici très nettement : le disposant ne peut pas aliéner ses biens et si un pressant besoin le contraint à les vendre ou à les donner en gage, il doit d'abord offrir à l'institué la préemption (3).

(1) L. 9, n° XX, t. 2, traduct. Guadet et Taranne.
(2) Pertz, *Leges,* t. IV, p. 329.
(3) V. aussi Marculf, *Appendice* 47, (Rozière, 137, t. 1er, p. 175).

65.— Les capitulaires font aussi mention de l'institution contractuelle. Voici ce qu'on lit dans le *capitularium* IV de l'année 803 (1) : « *Qui filios non habuerit et alium quemlibet heredem facere sibi voluerit, coram rege, vel comite, vel scabinis, vel missis dominicis, qui tunc ad justitias faciendas in provincia fuerint ordinati, traditionem faciat.* » Deux choses sont à remarquer dans ce texte : 1° il permet de faire une institution d'héritier non seulement en présence du roi, comme dans la loi ripuaire, mais devant ses délégués, ses comtes, ses échevins, ses *missi dominici ;* 2° il n'indique que la tradition comme mode de se donner un héritier et semble par là exclure l'écriture, la *scripturarum series* de la loi ripuaire. Faut-il dire, avec M. Eschbach (2), que Charlemagne, en exigeant la tradition d'une manière exclusive, ramena l'institution contractuelle aux conditions matérielles de la loi salique ? ou bien plutôt (ce qui s'accorde parfaitement avec les idées de progrès et de civilisation dont s'inspira toujours l'autorité des Carlovingiens) que le capitulaire de 803 « a eu pour but d'indiquer non pas la forme unique suivant laquelle l'hérédité pourrait être transférée contractuellement, mais les magistrats devant lesquels cette translation pourrait s'effectuer à cause des changements apportés dans l'organisation politique. » (3)

(1) Baluze, *Capit.*, t. Iᵉʳ, col. 960.
(2) *Revue de législ.*, t. XI, p. 133.
(3) Anouilh, *op. cit.*, p. 302.

66. — Quoiqu'il en soit, le capitulaire de 803 nous permet de suivre la trace non interrompue de l'institution contractuelle jusque dans le IXe siècle. Bientôt après nous allons assister à son entier développement sous l'influence de la féodalité qui l'accommode aux nécessités de son existence et lui donne sa forme définitive.

« Il était de l'intérêt du seigneur, dit M. Eschbach (*loco cit.*, p. 135), que le fief héréditaire dont il avait la suzeraineté fût régulièrement servi, le plus sûr moyen était donc de faire régler par le vassal avant sa mort la succession au bénéfice qu'il délaisserait. » D'autre part, comme les héritières du vassal devaient obtenir le consentement du seigneur pour leur mariage, « il était tout naturel qu'à propos de ces mariages et dans les contrats mêmes que l'on dressait sous les yeux du seigneur, on fît des dispositions pour régler la succession du fief et en assurer la desserte. »

L'institution contractuelle a donc trouvé sa place dans le contrat de mariage. Elle nous apparaît enfin avec tous ses éléments constitutifs et son importance augmente avec les besoins auxquels elle donne satisfaction. Quand la féodalité militaire fait place à la féodalité purement civile et se transforme en aristocratie de naissance, l'institution contractuelle sert, non plus, il est vrai, à assurer la desserte des fiefs,

mais à conserver les biens dans les familles et à
maintenir la splendeur du nom.

67. — Du reste, il ne faudrait pas croire que les
nobles seuls eussent primitivement le droit d'instituer un héritier par contrat, ni que le contrat de
mariage fût alors le seul acte susceptible d'une institution. Telle est l'opinion de Montesquieu et des
autres publicistes qui font naître l'institution contractuelle au moyen âge; « des nobles, dit M. Laboulaye (1), ce droit passa aux roturiers et surtout aux
bourgeois. » Mais ces auteurs n'apportent aucun
document à l'appui de leur thèse. Nous avons montré, au contraire, que l'institution contractuelle prit
naissance bien avant le régime féodal; qu'en fait, les
nobles se soient servi plus fréquemment que les
autres des pactes qui assuraient la desserte des fiefs
et la conservation des biens dans les, familles, cela
est exact; mais nous ne pouvons admettre que ce
droit ait été pour eux un privilège exclusif qui, par
la suite, se serait étendu jusqu'aux roturiers. Nous
avons, en effet, la preuve que la convenance de succéder pouvait se faire, dès le commencement du
xiie siècle hors contrat de mariage et sans distinction
de classes ni de conditions. On lit dans Pierre des
Fontaines (ch. 15, § 7) : « *La covenance que tu dis qui
fu fète entre deux frères qui n'avoient nul anfant, que
liquez que morust devant, ses héritages revenist à*

____

(1) *Condit. des femmes*, p. 391 et suiv.

l'autre, ne puet riens nuire al ainzné en franc-fié, ne as autres enfans en vilenage. » Ce n'est pas vraisemblablement dans un contrat de mariage que ces deux frères convinrent de cette institution réciproque. Nous pouvons citer aussi le témoignage de Masuer (1) qui ne manque pas d'un certain poids bien que restreint à la seule coutume d'Auvergne : « Institution conventionnelle vaut pour le tout en deux cas, à savoir en *contrat de société* de tous et chacun les biens des contrahans... de manière que s'il était convenu et porté par les contrats d'associations, que le survivant succédât au prémourant, la convention serait bonne. »

A l'origine donc, nulle distinction au sujet des actes susceptibles de recevoir l'institution contractuelle, nulle distinction non plus entre nobles et roturiers. La féodalité a donné un grand essor à l'institution contractuelle, mais il ne faut pas exagérer son influence ; l'institution contractuelle existait avant elle et en dehors d'elle. Elle n'a fait que multiplier dans les contrats de mariage un mode de disposition qui lui était fourni par la législation antérieure.

68. — Mais nous sommes arrivé au XVIe siècle, à l'époque de la rédaction des coutumes, et nous trouvons l'institution contractuelle définitivement emprisonnée dans le contrat de mariage. Elle avait cédé aux influences romaines, qui depuis longtemps lui étaient

(1) Tit. XXVIII, n° 9.

hostiles. Nous savons à quel point la législation de Rome était contraire aux conventions sur successions non ouvertes. Les romanistes, au moment de la renaissance des études juridiques, voulurent les faire disparaître entièrement. Notons, d'ailleurs, qu'ils ne furent pas les seuls à lutter contre l'institution contractuelle : l'influence de la maxime *donner et retenir ne vaut*, dut également concourir à ce résultat (1). Et toutefois ces adversaires puissants ne bannirent pas l'institution contractuelle du contrat de mariage. La faveur pour les alliances nobles, la desserte exacte des fiefs et la conservation des propres dans les familles, telle fut la première cause de cette exception (2); la faveur pour le mariage (3) ensuite, car nos anciens auteurs constatent que le mariage fut de tout temps entouré chez nous de la même faveur que l'était le testament à Rome (4).

Les coutumes consacrèrent donc les conventions de succéder faites par contrat de mariage. Une seule, toutefois, celle de Berry (art. 5 et 6, t. VIII), les repoussa de toute espèce d'actes. Guy-Coquille nous donne la raison de cette sévérité exceptionnelle, en nous apprenant que « l'auteur d'icelle coutume était

---

(1) Bonnet, *Disposit. par contrat de mar.*, t. Ier, p. 309 et la note. — Cf. Desjardins, Etude sur la règle *Donner et retenir ne vaut.*

(2) Eschbach, *Revue législat.*, t. XI, p. 137.

(3) Bonnet, *op. cit.*, p. 308.

(4) Boucheul, *Conv. de succéder*, p. 4, n° 8.

M. le président Lizet, grand sectateur de droit romain. »

La coutume d'Auvergne, au contraire, était plus large que toutes les autres. Elle permettait l'institution contractuelle non seulement par contrat de mariage, mais encore par pacte ou convenance apposée en contrat d'association universelle : « *Tous pactes et convenances, tant de succéder que autres quelconques soyent mutuelles ou non, mises et apposées en contrat d'association universelle faiçte et passée par personne capable à contracter, non malade de maladie dont l'on espère que la mort s'ensuit de prochain, sont bonnes et valables et saisissent les contrahans ladicte association ou leurs descendants. (1)*»

69. — Depuis le moment où elle fut inscrite dans le texte des coutumes, l'institution contractuelle se propagea par toute la France et s'étendit jusqu'aux pays de droit écrit (2); si bien que Guy-Coquille a pu la qualifier de *coutume générale non escripte*. Elle trouva place dans les ordonnances royales : Charles IX la consacra dans les ordonnances d'Orléans (art. 59) et de Moulins (art. 57); Louis XV dans cellés de 1731 (art. 13) et de 1747 (art. 12, tit. I⁰ʳ).

70. — II. — *Nature et effets de l'institution contractuelle.* — On trouve dans l'institution contractuelle un assemblage de deux caractères contradic-

(1) Cout. d'Auvergne, tit. XV, éd. Chabrol, t. II, p. 498 et suiv.
(2) Brodeau, S. Louet, lettre S, IX, nᵒˢ 27 et suiv.

toires, d'une part, celui de donation, de contrat irrévocable ; d'autre part celui de succession. Ce mélange rend fort difficile la détermination de sa nature précise. Plusieurs systèmes s'étaient produits à ce sujet dans l'ancien droit.

Une première opinion regardait l'institution contractuelle comme une *donation à cause de mort*. On se fondait sur cette considération que l'instituant ne donne rien de son vivant, l'exécution de la libéralité étant suspendue jusqu'à son décès. D'ailleurs, la disposition est caduque, si l'institué vient à mourir avant l'instituant. Tels sont bien les caractères de la donation à cause de mort: « Celui qui institue un héritier par contrat de mariage, dit Laurière (1), ne donne qu'après sa mort..., il aime mieux que ce qu'il donne lui appartienne qu'à celui qu'il institue, et à celui qu'il institue qu'à son héritier du sang, ce qui est la véritable marque de la donation à cause de mort. » (Instit., l. 2, t. 7, § 1er, *De donat.*) A l'objection que l'acte est *irrévocable*, on répondait, en s'appuyant sur des lois romaines, que la révocabilité n'est pas de l'essence de la donation à cause de mort(L. 13, l. 35, § 4, D., *De m. c. donat.*, 39, 6.)

Dans un second système, on considérait l'institution contractuelle comme une *donation entre-vifs*. Lebrun, qui était partisan de ce système, ne niait pas

______
(1) *Traité des Instit. contr.*, t. Ier, ch. II, n° 2.

l'analogie existante entre les institutions contractuelles et la donation à cause de mort ; mais, disait-
il (1), elles sont faites par contrat de mariage et
« irrévocables en tant qu'on ne peut en faire une seconde ni déroger à l'institution par des actes qui
n'aient leur effet qu'après la mort : or, c'est une
maxime, qu'un acte qui participe de deux diverses
natures, doit être réputé de celle dont il tient le
plus » ; et, à cause de l'irrévocabilité, elles se rappro-
chent plus de la donation entre-vifs.

Enfin, suivant une troisième opinion, l'institution
contractuelle est une disposition *sui generis*, ayant
sa nature propre. Elle participe à la fois de la donation à cause de mort et de la donation entre-vifs et
les difficultés qu'elle soulève ne peuvent se résoudre
à priori au moyen d'un principe général, il faut les
résoudre suivant les cas par les règles des testaments
ou par celles des conventions. Ainsi parlait Domat (2)
et croyons-nous avec juste raison : « Les institutions contractuelles ayant leur nature mêlée de celle
des testaments et de celle des conventions et leurs
règles étant par conséquent mêlées de ces deux natures, on doit distinguer, en chaque difficulté, lesquelles de ces deux sortes de règles on doit y appliquer:

____

(1) *Success.*, 1. III, ch. II, n°s 6 et s. — La même opinion était soutenue par Pothier (éd. Bugnet, t. Ier, p. 53, Introduction au titre XVII
de la coutume d'Orléans, Appendice § 2).

(2) *Lois civiles*, seconde partie, *Success.*, préface, § 10.

ou si c'est par des règles des conventions que la difficulté doive se résoudre , ou si c'est par des règles des testaments , selon que les unes et les autres peuvent y convenir, car il arrive tous les jours dans cette matière des questions de ces deux natures. »

Furgole (1) exprime la même idée en termes frappants par leur originalité : « C'est une manière de disposer ou une convention, que quelques auteurs ont appelée avec raison *amphibie*, qui constitue une classe à part et qui a ses règles particulières. »

71. — Malgré ces divergences d'opinion sur la nature de l'institution contractuelle, on s'accordait à reconnaître qu'elle assurait à l'institué un droit irrévocable. Toutefois dans le principe, l'instituant conservait la faculté de disposer de ses biens par tout autre mode que le testament. C'est ce qui faisait dire à Laurière (2) : « De tous les pièges que l'on pouvait tendre dans les contrats de mariage, il n'y en avait pas de plus à craindre que les institutions contractuelles, car celui qui avait fait une telle disposition n'avait qu'à vendre, engager ou donner ses biens, et celui au profit duquel il l'avait faite était d'autant plus trompé qu'il se trouvait engagé dans le mariage sans avoir ce qui lui était promis. » Aussi les coutumes, pour parer à ces inconvénients, restreignirent-

____

(1) Sur art. 13, ordon. de 1731.
2) *Op cit.*. ch. V, n° 106, p. 184.

elles la liberté de l'instituant aux dispositions à titre onéreux et à de modiques libéralités. (1)

L'institué contractuel était un véritable héritier. Au décès de l'instituant, il avait le choix entre les trois partis qui sont offerts à un héritier ordinaire : accepter la succession purement et simplement, l'accepter sous bénéfice d'inventaire ou bien y renoncer. Ajoutons qu'il avait la saisine et pouvait se mettre en possession des biens compris dans l'institution sans formalité préalable.

72. — Comme nous l'avons déjà vu, l'institution contractuelle devait se faire par contrat de mariage. Elle ne pouvait s'adresser qu'aux futurs époux et aux enfants à naître du mariage. En règle générale, aucune autre personne ne pouvait être comprise dans l'institution. Si donc un père, en mariant sa fille, instituait par contrat de mariage la future épouse et l'un de ses autres enfants, le frère de celle-ci par exemple, l'institution ne serait pas valable au regard de ce dernier qui ne contracte pas mariage (2).

Guy-Coquille était cependant d'avis qu'une pareille institution valait comme donation à cause de mort (3) ; mais on repoussait très justement sa doctrine par

(1) Dans les pays de droit écrit, les aliénations à titre onéreux elles-mêmes étaient interdites à l'instituant.

(2) Furgole, sur l'art. 13 ordon. de 1731 ; Lebrun, *Success.*, l. III, ch. II, n° 12 ; Boucheul, *Convent. de succéder*, ch. 30, n° 14.

(3) *Cout. de Nivernais.*

cette considération que telle n'était pas la forme de
la donation à cause de mort.

73. — Toutefois on parvenait à faire une institution
contractuelle au profit d'autres personnes que les
époux et leurs enfants, par certains moyens détournés appelés l'un, *substitution contractuelle* ; l'autre,
clause d'association.

La *substitution contractuelle* permettait, en instituant l'un des époux, de lui substituer un étranger,
auquel il devait restituer la succession.

Par la *clause d'association*, l'instituant chargeait
l'institué de s'associer un tiers, ordinairement son
frère ou sa sœur, qui participait ainsi indirectement
au bénéfice de la disposition.

Mais avant l'ordonnance de 1747, la clause d'association comme la substitution faite au profit d'un
étranger, étaient révocables de la part de l'instituant,
qui pouvait exercer son droit de révocation sans le
consentement de l'institué.

§ 2. — De la donation de biens présents et à venir.

74. — A côté de l'institution contractuelle, il faut
placer la donation de biens présents et à venir. C'était,
d'après Boucheul (1), « une succession conventionnelle
et par contrat ; parce que, comme dit la loi 128, § 1,

_____

(1) *Convent. de succéder*, ch. XXV, n° 1.

au Dig., *De reg. jur., qui in jus universum succedunt, hæredis loco habentur.* »

En dehors du contrat de mariage, la donation de biens présents et à venir était généralement considérée comme nulle, soit en vertu de la règle *donner et retenir ne vaut,* soit comme contenant une véritable institution d'héritier contrairement aux principes des lois romaines. Quelques jurisconsultes des pays de droit écrit admettaient cependant ces sortes de donations quand le donateur s'était réservé la faculté de tester par la retenue d'une somme ou d'un objet quelconque de son patrimoine (1).

Mais partout la donation des biens présents et à venir était déclarée valable quand elle était faite par contrat de mariage, alors même que le donateur ne se fût rien réservé pour faire un testament. La raison, c'est que chez nous, les contrats de mariage furent toujours entourés de la plus grande faveur. On en trouve des dispositions expresses dans les coutumes de Bourbonnais (art. 210), de Nivernais, (ch. XXVII, art. 12), de la Marche (art. 294).

75. — Qu'elle était, au juste, la nature de la donation de biens présents et à venir, ainsi admise en contrat de mariage ? Il n'est pas de question plus longtemps ni plus vivement discutée dans notre ancienne juris-

---

(1) Boucheul, *eod.,* no 21. Voyez aussi les arrêts qu'il cite aux nᵒˢ 23 et 24 pour les Parlements de Toulouse et de Bordeaux. — Bonnet, *Disposit., par contrat de mar.,* t. II, nᵒˢ 511 et 512.

prudence. Nous devons exposer les systèmes qu'elle fit naître comme préliminaires à l'interprétation de l'article 1084 du Code civil que nous trouverons par la suite (1). Ils sont surtout importants à étudier pour les effets qu'ils attribuent à la donation de biens présents et à venir.

Tout d'abord, et avant d'arriver au dernier état de de la doctrine au moment où parut l'ordonnance de 1731, nous trouvons deux systèmes radicaux et exclusifs qui se partagent les pays de droit écrit et les pays de coutumes.

Dans les pays de droit écrit, on considérait la donation de biens présents et à venir comme une donation *entre-vifs* ordinaire, qui emportait saisine immédiate du donataire, délivrance des biens à venir devant être faite au fur et à mesure des acquisitions. On trouve dans Laurière (2) une exposition très nette de cette doctrine : « Toute cette difficulté se réduit au seul point de savoir si celui qui a fait donation pure et simple de ses biens présents et à venir, peut être contraint d'en faire la tradition de son vivant : car s'il peut y être contraint, il y a lieu de dire que la donation est entre-vifs, puisque le donateur a préféré à soi-même le donataire.

« L'on ne peut nier raisonnablement que les biens

____

(1) 2ᵉ part. ch. II.

(2) *Instit. contr.*, ch. IV, nᵒˢ 67 et 68. V. aussi Boucheul, *eod.*, nᵒ 28

à venir, quand une fois ils sont acquis, ne doivent
être considérés comme des biens présents. Or il est
de la dernière certitude que le donataire de biens
présents et à venir, peut contraindre le donateur de
lui faire la tradition des biens présents....., par conséquent le donataire a la même action pour contraindre le donateur de lui faire la tradition des
biens à venir dès que le donateur les a acquis ».

Ainsi « les pays de droit écrit, dans leur adver-
sion déclarée pour les institutions d'héritier par contrat, transformaient en une donation universelle de
biens présents, cette donation qui comprenait non
seulement les biens présents, mais encore les biens à
venir » (1).

Les pays coutumiers, au contraire, qui repous-
saient de droit commun les donations de biens présents et à venir comme contrevenant à la règle *donner et retenir ne vaut*, ne crurent pouvoir les admettre
en contrat de mariage qu'en les assimilant avec l'institution contractuelle et en leur faisant produire les
mêmes effets. Tel est le sentiment de Ricard (2). Il
prétend que la donation de biens à venir « ne diffère
presque que du nom de l'institution contractuelle » et
il accorde au donateur, dans l'un et l'autre cas, le
droit de disposer de son patrimoine comme un bon
père de famille.

<hr>

(1) Demolombe, t. XXIII, no 342.
(2) *Donat.*, 2ᵉ part., ch. IV, sect. 2, dist. 3, no 1063. .

Ces deux systèmes avaient le tort d'absorber l'un par l'autre les deux éléments dont se compose la donation de biens présents et à venir : celui-ci ne tenait aucun compte de la donation de biens présents ; l'autre, méconnaissait la volonté du donateur qui avait entendu reporter au moment de sa mort les effets de la donation. Ils furent remplacés par deux autres moins exclusifs, qui se partagèrent encore l'ancienne jurisprudence.

76. — Les représentants des principes romains virent alors dans la donation cumulative deux donations juxtaposées, l'une de biens présents, l'autre de biens à venir. La donation de biens présents avait pour effet de saisir immédiatement le donataire de la propriété de ces biens et lui conférait le droit d'en demander la délivrance, à moins que le donateur ne s'en fût réservé l'usufruit. « Comme la donation, dit Henrys (1) contient deux sortes de biens, les présents et les futurs, quelle répugnance y peut-il y avoir de dire que c'est une double donation ? qu'en effet le donateur entend se dépouiller dès lors des biens qu'il a, en payant les dettes qu'il a faites. Mais que pour les biens à venir il entend qu'il demeure au choix de son donataire de s'en prévaloir, en payant les dettes qui seront à l'avenir contractées ? »

Ce système, qui s'inspirait encore de la pensée de

____

(1) T. II, liv. 4, quest. 183, n° 6. — V. aussi Furgole, sur l'art. 17 de l'ordon. de 1731.

réduire la disposition à une donation entre-vifs, était bien rigoureux pour le donateur, il pouvait mettre obstacle à sa générosité et tourner à l'encontre du mariage.

Aussi les pays coutumiers en adoptèrent-ils un autre mieux en harmonie avec la pensée du donateur qui n'avait pas voulu se dépouiller de son vivant, sans faire disparaître la partie présente de la donation. On reconnaissait donc au donateur le droit de rester en possession de tous ses biens jusqu'au moment de son décès. Alors seulement la disposition se scindait et il était permis au donataire d'en mettre de côté les biens présents pour se contenter de ce seul émolument. Que s'il optait, au contraire, pour la donation tout entière, celle-ci produisait alors les effets de l'institution contractuelle. Ainsi pensait Brodeau (1) : « quand la donation est faite par le contrat de mariage aux enfants à naître d'icelui, ou à l'un d'eux, de tous les biens présents et à venir, il est au pouvoir du donataire *rebus integris*, pour se décharger des dettes subséquentes la donation, de la restreindre en l'acceptant et de se tenir aux biens présents, c'est-à-dire à ceux qui appartenaient aux donateurs au temps de la donation et renoncer aux autres ; parce que ce sont, en effet, deux donations

______

(1) S. Louet, let. D., som. 69, n° 3. — V. aussi Pothier qui est très net (Introd. à Cout. d'Orl., tit. XV, n° 26, éd. Bugnet. t. Ier, p. 357). Cf. Lebrun, *Suc.*, l. IV, ch. II, sect. II, n° 42.

faites par un même acte, et, comme dit la loi 29,
pr., D., *de v. o.*, *tot sunt stipulationes quot res.* »

77. — Tel était le dernier état de la doctrine au
moment où parut l'ordonnance de 1731, qui par
son article 17 tranche la question en ces termes :

« Voulons néanmoins que les donations faites par
contrat de mariage, en faveur des conjoints ou de
leurs descendants... puissent comprendre tant
les biens à venir que les biens présents, en tout ou en
partie ; auquel cas il sera au choix du donataire de
prendre les biens tels qu'ils se trouveront au jour
du décès du donateur, en payant toutes les dettes
et charges, même celles qui seraient postérieures à
la donation, ou de s'en tenir aux biens qui exis-
taient dans le temps qu'elle aura été faite, en payant
seulement les dettes et charges existantes audit
temps. »

L'ordonnance consacre, croyons-nous, le système
des pays coutumiers. Elle ne voit, suivant les paroles de Daguesseau lui-même (1), dans la donation de
biens présents et à venir « *qu'une véritable institution
contractuelle* », susceptible de se transformer, au
décès du donateur en une donation de biens présents. Elle condamne donc le système de Henrys et de
Furgole, qui y trouvaient deux donations distinctes,
celle de biens présents avec saisine immédiate du do-

(1) Lettre au Parlement de Besançon du 22 mai 1731, *Œuvres*, édit.
in-4°, t. IX, pp. 357 et 358.

nataire, et celle de biens à venir, dont l'exécution était suspendue jusqu'au décès du donateur. Et si Furgole a continué à discuter depuis sa publication, c'est sous l'influence de la passion qui avait autrefois animé la lutte, et des idées encore profondément enracinées dans les pays pour lesquels il écrivait.

Voilà pourquoi nous ne saurions nous ranger à l'avis de M. Troplong qui prétend que l'ordonnance ne prend parti ni dans un sens, ni dans l'autre. « Elle a eu, dit-il (1), ses raisons pour ne rien dire. En préférant un système à l'autre, elle aurait préjugé des points de droit considérables touchant les institutions contractuelles et blessé des principes et des habitudes enracinées. » Le texte de l'ordonnance, éclairé par les paroles du chancelier Daguesseau et par l'esprit qui l'avait dicté, nous paraît condamner formellement cette opinion : les ménagements dont parle M. Troplong « eussent trop manifestement contrarié l'unité de jurisprudence, objet et but principal des aspirations de son rédacteur. (2) »

(1) *Donat.*, t. IV, no 2390.
(2) Bonnet, *Disposit. par contrat de mar.*, t. II, p. 316.

§ 3. — De la Reconnaissance ou déclaration d'aîné et héritier principal.

78. — « C'est une institution d'héritier faite en faveur d'un fils aîné dans son contrat de mariage, par laquelle son père ou sa mère dispose à son profit des parts avantageuses qu'il aurait eues dans leurs successions s'ils étaient décédés dans le temps de son mariage .» (1) Voici comment Laurière (2) nous explique l'origine de cette institution, elle aurait été créée pour faire disparaître les abus dont étaient souvent victimes les filles qui épousaient des aînés : « Il arrivait... que des filles riches épousaient des aînés de familles nobles, dans l'espérance qu'ils auraient un jour les portions avantageuses qu'ils devaient avoir suivant les coutumes dans les successions de leurs pères et mères. Mais les filles se trouvaient souvent trompées, parce que les pères ou les mères vendaient leurs biens pendant leur vie. Il fallut prévenir ces fraudes et l'on ne trouva point pour cela de moyen plus sûr que d'obliger les pères ou mères nobles, en mariant leurs aînés, de les instituer héritiers pour les portions avantageuses qu'ils auraient eues dans leurs successions, si elles étaient échues

----

(1) Laurière sur Loisel, *Instit. coutum.*, l. II, tit. IV, § 10.
(2) Laurière, *Instit. contr.*, t. Ier, ch. 1er, n° 3), p. 35.

dans le temps de leur mariage, ou, ce qui est la même chose, on obligea les pères et mères de les marier déclarément comme aînés et principaux héritiers. L'on établit que ces institutions comprendraient ou contiendraient des promesses tacites de ne point aliéner et que ces promesses opéreraient une interdiction aux pères et aux mères, de ne point disposer de leurs terres, jusqu'à concurrence des portions avantageuses de leurs aînés. »

Tel n'était pas, au reste, le seul besoin auquel répondissent les reconnaissances d'héritier principal. Elles permettaient, de plus, à un père de famille, dont l'aîné était dans le sacerdoce ou bien se trouvait incapable de l'exercice des armes, de déclarer son puiné, dans le contrat de mariage de celui-ci, aîné et principal héritier.

79. — L'effet généralement admis de cette reconnaissance était d'empêcher le père et la mère d'aliéner les biens qu'ils avaient au jour du mariage, au préjudice de la part que le fils aurait eue comme aîné, si ses père et mère étaient morts à ce moment. Ainsi le décidaient l'article 245 de la coutume d'Anjou et l'article 262 de la coutume du Maine.

Dans la coutume de Paris et dans celles qui gardaient le silence sur cette matière, les dispositions à titre onéreux n'étaient pas interdites. Ainsi le décidait Loisel, dans ses *Institutes coutumières* : « *Reconnaissance générale du principal héritier n'empêche qu'on ne se puisse aider de son bien, ains seulement qu'on avantage un autre au préjudice du marié des biens qu'on avait alors* (1). »

En Normandie (art. 244), les pères et mères avaient la libre disposition de leurs biens, à moins qu'ils n'eussent promis expressément de les conserver.

80. — La reconnaissance d'héritier principal nous apparaît comme une sorte d'institution contractuelle, qui n'affectait que les biens présents du disposant. Cependant quelques auteurs lui refusaient ce caractère, ils n'y voyaient qu'une simple *indication* ou *démonstration du doigt*, suivant leur expression ; de sorte que l'héritier ne serait venu à la succession *qu'en vertu de la loi* et non pas en exécution de la déclaration. Voici leur raisonnement : par une institution contractuelle, l'homme dispose de sa succession à sa guise, il donne à qui il lui plaît, ce qui lui plaît, et aux conditions qu'il juge convenables. Au contraire, par la déclaration d'aîné et héritier principal, l'homme ne dispose point, il se contente de déclarer ce qui est dans la nature et dans la loi. C'est comme s'il disait à la famille dans laquelle il marie son fils : « Voilà mon fils aîné. C'est à lui que les coutumes destinent de mes biens tous les droits et tous les avantages qu'elles ont attachés à la qualité d'aîné. »

On repoussait cette opinion en observant qu'une

(1) L. II, tit. IV, règle X.

simple indication de l'héritier légal, n'aurait pas
produit l'effet de la reconnaissance, elle aurait laissé
le déclarant maître de disposer librement de ses
biens et ne l'aurait pas empêché de les aliéner ou
d'en avantager une autre personne. De plus, un héritier *ab intestat* a part dans tous les biens que ses
auteurs laissent en mourant ; or, le fils n'est marié
comme héritier principal, que dans les biens que
ceux-ci possèdent au temps du mariage ; il n'est
donc pas marié comme héritier légal ou *ab intestat* (1).

§ 4. — Des promesses d'égalité.

81. — Après avoir étudié des pactes sur succession
future qui s'inspiraient d'une idée de faveur pour les
mâles et pour les aînés, il est intéressant de constater
que l'ancien droit permettait au père de famille de
s'engager envers un de ses enfants par contrat de
mariage à lui laisser dans sa succession une part égale
à celle des autres enfants. Cette clause, connue sous
le nom de *promesse d'égalité*, était pratiquée dans les
coutumes de préciput qui autorisaient l'avantage d'un
héritier sur l'autre ; elle servait à corriger ce qu'avait
de blessant l'usage de ces préciputs. On l'appuyait
de la Novelle 19 de Léon le Philosophe que nous
avons déjà étudiée en Droit romain.

(1) Laurière, *op cit.*, ch. V, nᵒˢ 111 et 112 ; Ricard, *Donat.* part. Iʳᵉ,
ch. IV, sect. 2, distinct. 3, nᵒ 1064.

« C'est une espèce d'*institution contractuelle*, dit Boucheul (1), que la déclaration dans les contrats de mariage que les enfants succèderont également et de ne pouvoir avantager ses héritiers les uns au préjudice des autres. » En effet, bien que la promesse d'égalité n'ait pas la même origine que l'institution contractuelle, bien qu'elle ne s'inspire ni des mêmes idées ni des mêmes sentiments, leurs règles et leurs effets sont les mêmes ou à peu près et elles se confondent dans les contrats de mariage.

82. — La promesse d'égalité pouvait être faite en faveur seulement de l'enfant que l'on mariait, ou bien, en faveur de tous les enfants.

Dans le premier cas, il était loisible au père d'avantager, au détriment de ses frères et sœurs, le fils auquel il avait promis l'égalité, mais il lui était interdit de rien donner aux premiers au préjudice de ce fils.

Au second cas, lorsque la promesse d'égalité s'adressait, non pas personnellement à l'enfant qui se mariait, mais indistinctement à tous les enfants, il y avait discussion entre les auteurs sur le point de savoir si la promesse d'égalité liait les père et mère vis-à-vis de tous. Suivant Lebrun (2), la promesse n'était irrévocable qu'à l'égard de l'enfant marié et non à l'égard des autres, vis-à-vis desquels ce n'était

---

(1) *Convent. de succéder*, ch. V, n° 1.
(2) *Success.*, loi III, ch. II, n° 12, p. 17, *medio* (observ, de M. Espiard, qui se déclare partisan du système contraire).

qu'une donation à cause de mort, suivant le plus grand nombre (1), au contraire, les promettants étaient liés irrévocablement vis-à-vis tous leurs enfants, parce que leur promesse était conforme à la loi naturelle des successions.

§ 5. — Des rappels à succession.

83. — Le rappel était un acte par lequel on faisait venir à sa succession une personne qui n'aurait pas eu le droit d'y participer autrement.

Il était déjà pratiqué à l'époque franque, où il servait à réagir contre les rigueurs du droit positif. Ainsi le père appelait sa fille au partage de la *terra salica* concurremment avec ses enfants mâles qui, aux termes de la loi salique (*de alode*), devaient seuls la recueillir.

On en trouve un exemple intéressant dans la formule 12 du livre II de Marculf : « *Dulcissimæ filiæ meæ illi, ille. Diuturna, sed impia, inter nos consuetudo tenetur, ut de terra paterna sorores cum fratribus portionem non habeant, sed ego perpendens hanc impietatem, sicut mihi a domino æqualiter donati estis filii, ita et a me sitis æqualiter diligendi, et de rebus meis, post meum discessum æqualiter gratulemini; ideo-*

(1) Ferrière, sur la *Coutume de Paris*, art. 318, gl. 35, C. 760. — Boucheul, *Convent.*, *de succéder*, ch. V, nº 28, p. 53. — Conf. Arrêt du 4 juin 1625, rapporté au *Journal des audiences*, t. I, liv. I, chap. 58; — Catelan, *Arrêts*, liv. IV, ch. VI, arrêt de 1660.

que per hanc epistolam te dulcissima filia mea, contra germanos tuos filios meos illos, in omni hereditate mea, æqualem et legitimam esse constituo heredem, ut tam de alode paterna, quam de comparato, vel mancipiis aut præsidio nostro, vel quodcumque morientes reliquerimus, æqua lance cum filiis meis, germanis tuis, dividere, vel exæquare debeas, et in nullo penitus portionem minorem quam ipsi, non accipies, sed omnia inter vos dividere, vel exæquare æqualiter debeatis ».

84. — Le droit coutumier donna une grande extension aux rappels, qui jouèrent un rôle très important comme moyen pratique de revenir sur les dispositions de certaines coutumes. Ils remédiaient aux exclusions légales, ils suppléaient au défaut de représentation dans les coutumes qui ne l'admettaient pas ; ils permettaient de restituer aux filles renonçantes leurs droits dans la succession *ab intestat* ; c'était aussi par un rappel que l'on rétablissait dans leur premier état les exhérédés, en révoquant l'exhérédation. Quand ils se faisaient par contrat de mariage, ils constituaient une variété de l'institution contractuelle ; mais ils pouvaient se faire aussi par un autre acte. Voyons les diverses applications des rappels.

85. — I. *Rappel qui supplée au défaut de représentation.* — On en distingue de deux sortes : le rappel fait *intra terminos juris* et le rappel *extra terminos juris.*

Le rappel fait *intra terminos juris* est celui qui a pour but d'aboutir à un résultat consacré par le droit

commun coutumier : c'est, par exemple, le rappel
qu'une personne fait à sa succession de ses petits-
enfants, dans les rares coutumes qui n'admettent pas
la représentation en ligne directe.

Le rappel *extra terminos juris* est le rappel des
autres parents, comme des petits-neveux, des cou-
sins, qui ne sont point appelés à succéder par représentation d'après le droit commun.

Le rappel *intra terminos juris* peut se faire, non
seulement par testament, mais par un acte quelconque. La seule condition obligatoire, c'est l'existence
d'un écrit, mais qui n'est sujet à aucune formalité.

Quant au rappel *extra terminos juris*, on discute
le point de savoir s'il peut se faire par quelque acte
que ce soit. Pothier (1) estime qu'il ne peut être fait
que par testament. Il tire argument de la maxime
que cette sorte de rappel ne vaut que *per modum
legati*, on ne peut faire de legs que par testament.

Les effets juridiques des deux espèces de rappels
sont différents suivant les cas. Ils sont révocables ou
irrévocables suivant qu'ils sont faits par contrat de
mariage ou par testament. S'ils sont faits par contrat
de mariage, nul doute qu'ils ne confèrent le titre d'hé--
ritier avec la saisine et les autres avantages attachés
à ce titre.

Si, au contraire, ils sont faits par testament, il y a
difficulté. La doctrine qui l'emporte, c'est que le

(1) Pothier, édit. Bugnet, t. VIII, p. 90 et suiv.

rappel est considéré comme faisant un héritier seulement quand il a lieu *intra terminos juris*. Au contraire, le rappel *extra terminos juris* ne vaut que *per modum legati* : les rappelés ne sont pas héritiers du défunt, ils ne sont que de simples légataires de la portion pour laquelle ils sont rappelés, ils n'en sont pas saisis et ils doivent en demander la délivrance à l'héritier.

86. — II. *Rappel des filles renónçantes.* — Quand une fille avait renoncé par contrat de mariage à ses droits héréditaires, ses père et mère pouvaient la rappeler à leur succession et la restituer dans tous ses droits.

« Il n'y a rien de plus favorable que ce rappel, disait Ferrière (1) ; c'est un retour au droit commun, et même au droit naturel qui égale tous les enfants. » Il pouvait donc se faire par toute sorte d'acte, soit entre-vifs, soit à cause de mort. Et, de même que le père n'avait pas besoin du consentement de ses fils pour stipuler la renonciation de sa fille à leur profit ; de même il n'en avait pas besoin pour révoquer cette renonciation par le rappel.

87. — III. *Rappel des filles exclues par la coutume.* — La plupart des coutumes exigeaient que ce rappel fut stipulé par un acte antérieur au mariage de la fille ; mais cet acte pouvait être quelconque, excepté dans la coutume de Bourgogne qui voulait que le

(1) *Diction. de droit,* v⁰ *Rappel.*

rappel fût fait par contrat de mariage (tit. 7, art. 21).

Le consentement des héritiers à qui devait accroître la portion de la fille exclue n'était pas nécessaire pour la validité du rappel, lorsque celui-ci était antérieur au mariage qui produisait l'exclusion ; mais il l'était, au contraire, pour valider un rappel fait depuis le mariage ; car les frères avaient un droit acquis après ce mariage.

88. — IV. *Rappel des exhérédés.* — Toute personne qui avait prononcé une exhérédation contre son héritier présomptif pouvait le rappeler à sa succession par un acte quelconque (1). Le rappel pouvait même être tacite et résulter du pardon de l'injure qui avait causé l'exhérédation ou se tirer de la réconciliation entre le père et le fils.

§ 6. — Des renonciations à succession future.

89. — Si l'on remonte jusqu'aux premières origines de notre droit, on trouve dans la loi salique un exemple de renonciation à succession future. Des obligations parfois très lourdes pesaient sur les membres d'une même famille germanique. Ceux-ci, en effet, étaient tenus à prêter serment d'innocence en cas d'accusation d'un parent (tit. de *manu ab œneo redimenda),* et à payer la composition due à raison du crime commis par un parent insolvable (tit. *de chre-*

_____
(1) Merlin, *Répert.,* v° *Exhérédation,* § III, n° 1.

necruda), Aussi leur permettait-on de briser les liens qui les unissaient à leur famille au moyen d'une cérémonie symbolique rapportée au titre « *de eo qui se de parentela tollere vult* », au cours de laquelle ils renonçaient à leurs droits héréditaires.

Mais ce n'est pas là une renonciation directe à succession future, c'est seulement la conséquence d'un acte principal, la sortie de la famille : elle est faite plutôt en faveur du renonçant et se produit dans des circonstances qui ne permettent pas de l'assimiler aux renonciations du droit postérieur. Celles-ci poursuivaient un but tout différent, comme nous allons voir, et leur source se trouve dans les idées féodales et nobiliaires.

90. — « Les renonciations aux successions futures, nous dit Pothier (1), sont contraires au principe qu'on ne peut répudier un droit qui n'est pas encore ouvert, « *quod quis, si velit, habere non potest, id repudiare non potest* » (L. 174, D., *De rej. juris*), et à cet autre principe qui rejette les conventions touchant la succession d'un homme vivant, néanmoins notre jurisprudence a admis ces renonciations dans les contrats de mariage qui, selon nos usages, sont susceptibles de toutes sortes de conventions.

« La raison qui a fait établir ces renonciations a été pour conserver les biens dans la famille de celui à la succession de qui on fait renoncer les filles au

---

(1) *Success.*, ch. Ier, sect. II, art. IV, § 3, édit. Bugnet, t. VIII, p. 30.

profit des mâles et soutenir, par ce moyen, la splendeur du nom. »

Sous l'influence de ces idées, les renonciations reçurent un très grand développement. Le droit canonique, par l'organe du pape Boniface VIII (1), les permit lui-même à la condition qu'elles fussent confirmées par serment : elles ne causent préjudice à personne, dit la décrétale : « *quamvis pactum patris factum a filia dum nuptui tradebatur, ut dote contenta nullum ad bona paterna regressum haberet, improbat lex civilis ; si tamen juramento, non vi, nec dolo præstito, firmatum fuerit ab eadem, omnino servari debebit ; cum non vergat in æternæ salutis dispendium nec redundat in alterius detrimentum.* »

« Grâce à cet expédient, dit M. Gide (2), l'usage de faire renoncer les filles, en les mariant, à tous leurs droits héréditaires, se répandit bientôt dans tous les pays de droit écrit, cet usage fut érigé en loi par un grand nombre de statuts ; la jurisprudence proclama ces statuts éminemment favorables et les romanistes surent les plier aux principes de la loi romaine, en disant qu'à l'exemple de la Novelle 118, « ils avaient leur fondement dans la volonté présumée des défunts e dans l'usage général des testateurs. »

91. — I. — *Par qui et au profit de qui les renonciations pouvaient-elles être faites.* — Très générale-

<hr>

(1) Sexte, 1, XVIII, 2.
(2) Étude sur la *condit. de la femme*, p. 441, édit. 1867.

ment, c'étaient les filles qui renonçaient par leur contrat de mariage à la succession de leurs père et mère, soit au profit de tous leurs frères, soit le plus souvent au profit de l'aîné seul. Les puinés pouvaient aussi renoncer au profit de l'aîné. Tous ces actes s'expliquaient par le même motif de conservation des biens dans les familles pour soutenir l'éclat du nom. Mais quand la même raison ne pouvait s'appliquer, on déclarait la renonciation nulle. Ainsi décidait-on qu'un mâle ne pouvait pas renoncer au profit d'une fille, ni une fille au profit d'une autre fille. « En effet, disait Lebrun (1), nos renonciations à successions futures étant irrégulières et contre le droit commun, en tant qu'elles peuvent être faites par des filles mineures et qu'elles emportent une dérogation à la légitime qui est le droit du monde le plus favorable, et auquel régulièrement il n'y a point de convention entre-vifs ni de disposition testamentaire qui puisse déroger (l. *ult.*, D., *De suis et legit her.*, l. *nemo* 35, *legat.* I), nous n'en pouvons conserver l'usage qu'avec les conditions sous lesquelles elles ont été d'abord introduites... C'est pourquoi la faveur des mâles étant le principal motif qui nous les a fait recevoir, on ne se peut relâcher de cette condition qu'elles soient en faveur des mâles, sans renverser tous les fondements de leur établissement. »

Cependant Dumoulin pense que la renonciation des

____

(1) *Success.*, l. 3, ch. 8, sect. I, n° 13.

mâles est valable dans la coutume de Berry, dont l'article 33, chapitre 19, permet de faire renoncer les enfants d'une façon générale au profit des autres enfants. Dumoulin (sur cet art.) entend le mot *enfants* de l'un et de l'autre sexe. Mais, en l'absence d'une disposition semblable dans une autre coutume, on doit s'en tenir à l'esprit du droit qui est seulement favorable aux mâles.

Les mêmes principes conduisaient à décider que la renonciation au profit des collatéraux des père et mère était absolument nulle.

Il pouvait arriver que la fille renonçante n'eut pas exprimé au profit de qui elle faisait sa renonciation, qui devait en bénéficier en pareil cas ? Elle était censée avoir renoncé au profit de ses frères germains et même de ses frères consanguins, sauf dans la coutume de Bourbonnais, dont l'article 307 contenait une disposition formellement contraire. Mais elle n'était pas présumée renoncer en faveur de ses frères utérins, « car ceux-ci ne portant pas le même nom, étant d'une différente famille, le motif des renonciations cesse à leur égard (1). »

Les renonciations se faisaient à la succession future du père ou de la mère qui dotaient leurs filles. Les père et mère faisaient aussi renoncer quelquefois aux successions collatérales sans qu'il fût besoin ni de la présence, ni du consentement des collatéraux à la suc-

____

(1) Pothier, édit. Bugnet, t. 8, p. 31.

cession desquels on renonçait. Mais un collatéral, qui dotait une fille, pouvait-il la faire renoncer à sa succession future ? Lebrun (1) répondait avec raison, croyons-nous, que cette renonciation était valable, mais à la condition que la fille fût majeure, car la renonciation, sortant ici du droit commun, ne devait plus jouir de privilège.

92. — II. *Conditions de validité des renonciations.* — Les renonciations se faisaient le plus souvent dans le contrat de mariage de celui qui renonçait. C'était même le seul acte par lequel elles pouvaient s'effectuer lorsque le renonçant était mineur. Les enfants majeurs, au contraire, pouvaient renoncer dans le contrat de mariage de celui qui devait profiter de leur renonciation.

La renonciation devait être *expresse*.

Elle ne pouvait être faite que moyennant une dot. Il faut, dit Ferrière (2), « que la dot soit certaine, payée comptant ou dans un certain terme et que le paiement soit fait avant le décès des père et mère ; car s'ils décédaient avant le paiement, la renonciation n'aurait point d'effet par rapport au prédécédé. La raison en est que la dot est le prix de la renonciation. C'est pourquoi il serait injuste d'obliger la fille qui l'aurait faite à l'exécuter quand la dot promise n'a pas été entièrement remplie. »

(1) *Success.*, 1. 3, ch. 8, sect. I, n° 23.
(2) *Diction. de droit,* v. *Renonciat. à une success. non encore échue.*

Le *quantum* de la dot variait suivant les coutumes. Dans certaines coutumes on se contentait de la dot la plus modique : il suffisait qu'une fille mariée par ses père et mère reçut un *chapel de roses* pour qu'elle ne pût venir à leur succession. Tel était le droit des coutumes de Touraine, d'Anjou, du Maine et de Bretagne.

D'autres, telles que les coutumes de Bourges, (tit. 19, art. 34), de Montargis (ch. 12, art. 1ᵉʳ), l'ancienne coutume d'Orléans, exigeaient que la fille eût reçu une dot au moins égale à sa légitime. La jurisprudence des pays de droit écrit décidait de même.

Mais dans les coutumes qui ne contenaient pas de dispositions à ce sujet, comme celle de Paris, la dot pouvait ne pas égaler la légitime. Cependant on accordait à la fille renonçante une action en complément de légitime, « si, comme dit Lebrun (1), la lésion de la fille était très énorme, eu égard au temps de son contrat de mariage, et qu'il parût par les mauvaises dispositions que le père avait à son égard, que sa renonciation fût une véritable exhérédation. »

93. — III. *Des effets et de l'extinction de la renonciation.* — La renonciation avait pour effet de priver la fille de ses droits dans la succession, à laquelle elle avait renoncé. Elle était en principe irrévocable. Toutefois la fille rentrait dans ses droits héréditaires en plusieurs circonstances : 1° lorsque

____

(1) *Eod.*, n° 32.

la dot promise ne lui avait pas été constituée, car la dot est la cause de la renonciation ;

2° Si la personne à la succession de qui la fille avait renoncé mourait dans le temps intermédiaire entre le contrat de mariage et la célébration, parce qu'il n'y a pas de dot sans mariage : *dos sine matrimonio intelligi non potest ;*

3° Par le prédécès sans enfants de ceux au profit de qui la renonciation avait été faite ;

4° Par le rappel à succession, que nous connaissons déjà.

94. — *Exclusions coutumières.* — Nous ne pouvons pas quitter la matière des renonciations sans mentionner au moins les dispositions de certaines coutumes qui, poursuivant plus loin la même idée de faveur pour les mâles, excluaient les filles de la succession de leurs père et mère, sans renonciation expresse de leur part.

Dans certaines coutumes, en effet, les filles *dotées* étaient exclues de plein droit de la succession de leurs père et mère. La coutume de Normandie excluait les filles mariées de la succession de leur père, quand même elles n'auraient reçu aucune dot. Les coutumes de Tours, d'Anjou, du Maine et du Poitou, n'admettaient l'exclusion des filles mariées qu'à l'égard des nobles ; dans celles de Bourbonnais, l'exclusion avait lieu indistinctement à l'égard de toute personne.

Notons que ces exclusions n'avaient pas lieu dans les coutumes de Paris et d'Orléans.

Elles étaient faites au profit des frères des filles dotées et cessaient quand ils ne se trouvait pas de mâle ou de représentant de mâle lors de l'ouverture de la succession.

Comme nous l'avons déjà constaté, les filles exclues pouvaient être rappelées à la succession de leurs père et mère.

§ 7. — Des stipulations de propres.

95. — La stipulation de propres nous offre un autre exemple de convention sur succession future, permise par faveur pour le mariage. C'était, nous dit Ferrière (1), « une clause portée par un contrat de mariage par laquelle les contractants ou l'un deux stipulent qu'une somme de deniers (ajoutons : ou qu'un objet mobilier) sortira nature de propre au sti-pulant ».

On distinguait deux sortes de propres, les propres *par nature* et les propres *fictifs*.

Les propres *par nature* étaient les héritages des ancêtres ou autres parents qui avaient été transmis par succession on par quelque autre titre équivalent. C'étaient des biens de famille ; leur conservation dans la famille était garantie par les règles de succes-

(1) *Dict. de dr. et de prat.*, v° *Stipulat. de propres.*

sion, qui appelaient sur ces biens les parents lignagers seuls.

En principe, les immeubles seuls étaient propres, mais il était permis de donner par convention le caractère de propres à des objets mobiliers, qui formaient la classe des propres *fictifs* ou *conventionnels*.

96. — Cette stipulation de propres, appelée aussi clause de réalisation, avait des effets plus ou moins étendus suivant les termes dont on s'était servi dans le contrat, et, à ce sujet, on faisait une autre distinction en propres *de communauté* et propres *de succession*.

Lorsque la stipulation n'était faite qu'au profit de l'époux, elle empêchait seulement les biens réalisés de tomber dans la *communauté* ; mais quant à la succession, ces biens étaient toujours censés meubles et dévolus comme tels.

On pouvait faire une stipulation de propres *de succession* au moyen de plusieurs clauses additionnelles que nous allons passer en revue. Si, après avoir stipulé que tout ou partie du mobilier que l'un des contractants apporte en mariage lui restera propre, on ajoute ces mots : *et aux siens* ; cette stipulation profite aux enfants communs. Supposons donc qu'une femme ait fait une telle stipulation relativement à tous ses meubles ; elle meurt en laissant plusieurs enfants ; puis l'un d'eux décède à son tour. Qui succèdera à ses meubles ? Ses frères exclusivement et non son père. Celui-ci, en effet, par suite de la clause de réalisation, est exclu de la succession aux meubles réalisés par le contrat de mariage, ces meubles sont devenus propres maternels dans les rapports du père et des enfants. Toutefois, le père succéderait au dernier mourant des enfants, même quant aux biens immobilisés par la mère, à l'exclusion des collatéraux ; parce que la stipulation est entendue d'une manière restrictive, le mot « *siens* » ne s'applique qu'aux enfants et non aux collatéraux.

Mais il était possible d'empêcher ce dernier résultat au moyen de la clause suivante : les meubles de l'un des contractants seront propres à lui et aux siens *de son côté et ligne*. Dans ce cas, les collatéraux succèdent au dernier mourant des enfants, à l'exclusion du père ou de la mère survivants.

97. — Les stipulations de propres de succession étaient de véritables pactes sur succession future. En effet, l'une des parties réglait ainsi par avance la dévolution de la succession de ses enfants, tandis que l'autre renonçait à ses droits dans la même succession (1). Aussi n'étaient-elles permises que par contrat de mariage et pour favoriser l'établissement des familles (2). Ferrière (3) nous montre très-bien de quelle pensée on s'est inspiré en permettant ces conventions qui changeaient l'ordre des successions, à

(1) Boucheul, *Conv. de succéder*, ch. XIII, p. 200.

(2) Renusson, *Traité des propres*, ch. VI, sect. 1, n° 4, p. 267, édit. Sérieux. — Pothier, *Obligat*, 1ʳᵉ part. ch. 1, sect. 4, § 2, n° 132.

(3) *Loc. cit.*

une époque où l'on envisageait comme une de leurs bases fondamentales, l'origine et la nature des biens : « La faveur des mariages a fait introduire la fiction des propres comme celle des meubles : parce que sans cela un homme qui n'aurait que des propres, trouverait difficilement à se marier ; et celui qui n'aurait que des meubles, ferait en se mariant trop de tort à sa famille. Ainsi, bien loin que cette stipulation intervertisse l'ordre des successions, elle en est, au contraire, le fondement, puisqu'elle conserve les biens dans la ligne du sang. »

§ 8. — Des partages d'ascendants et des démissions de biens.

98. — Nous savons qu'en Droit romain les ascendants pouvaient partager leurs biens entre leurs enfants soit par un testament privilégié, le *testamentum inter liberos*, soit par un simple acte de répartition, la *divisio inter liberos*, mais qui ne produisait pas d'effets immédiats.

Les pays de droit écrit suivaient à cet égard les règles du Droit romain. Il y avait toutefois une différence importante entre les partages d'ascendants du Droit romain et ceux de nos pays de droit écrit. En Droit romain, les partages d'ascendants ne produisaient pas leur effet de plein droit : les descendants ne sortaient de l'indivision qu'autant que le juge de l'action *familiæ erciscundæ* avait adjugé à chacun d'eux les biens mis dans son lot. Dans les pays de droit écrit, dès la mort de l'ascendant, les copartagés se trouvaient saisis de plein droit des biens qui leur avaient été attribués.

Les pays de coutume, à côté du partage d'ascendant proprement dit qui leur était commun avec les pays de droit écrit, connaissaient une autre institution permettant aux ascendants de donner pendant leur vie des effets à leur partage, c'était la *démission de biens*.

Nous nous proposons de fixer en quelques traits rapides la nature et les effets de ces deux institutions qui rentrent dans la classe des pactes sur succession future, à titre d'*anticipation de succession,* comme disent les anciens auteurs (1). Nous serons particulièrement bref en cette matière, à raison du plan que nous nous sommes tracé au début.

A. — *Partages d'ascendants.*

99. — La plupart des coutumes gardaient le silence sur le partage d'ascendants (2). Parmi celles qui en parlaient, quelques-unes seulement en fixaient la forme, c'étaient les coutumes de Bourgogne (tit. VII, art. 6 et 8) et du Bourbonnais (art. 216). D'après celles-ci, le partage devait se faire soit en justice, soit par un

(1) Pothier, édit. Bugnet, t. Ier, p. 530 ; Boucheul, *op. cit.*, ch. VIII, p. 93.

(2) Il était cependant reçu dans les coutumes qui n'en parlaient pas.

acte public devant deux notaires ou devant un notaire et deux témoins ; soit par un acte sous seing privé, écrit, daté et signé par l'ascendant. Telles étaient aussi les formes généralement employées dans les provinces où la coutume ne les déterminait pas.

La coutume de Bourgogne exigeait, de plus, pour la validité du partage, que l'ascendant eût survécu à l'acte pendant vingt jours. Le délai était de quarante jours dans la coutume de Bourbonnais. Dumoulin (1) en donne la raison en ces termes: « *Hoc non solum metu suggestionum, sed ne dividens nimium vicinus morti, facile erret in æquali distributione* ».

Sauf la nécessité de survie, l'ordonnance de 1735 rendit ces mêmes conditions de forme obligatoires pour toute la France (art. 15, 16 et 17).

De plus, le partage n'était valable qu'autant que le père de famille avait distribué, entre tous ses successibles, tous les biens qui lui appartenaient au moment de la disposition.

100. — Les partages d'ascendants étaient toujours révocables, eussent-ils été faits dans la forme des donations entre-vifs ; on en donnait pour motif que toute disposition concernant une succession future était essentiellement ambulatoire.

Mais les partages faits par contrat de mariage ou bien conjointement par deux époux, lorsque l'un des disposants était mort, ne pouvaient pas être révoqués.

(1) *Coutume de Bourbonnais*, Auroux des Pommiers, p. 293.

Ce n'était pourtant pas là une exception directe à la
règle générale de la révocabilité, mais plutôt le
résultat de la force même des choses et de l'immutabilité des conventions matrimoniales.

Le partage d'ascendant était considéré, de même
que la *divisio inter liberos* à Rome, comme un simple
acte de distribution. De là résultaient les conséquences suivantes. Les copartagés recueillaient leurs lots,
non comme légataires, mais comme héritiers *ab intestat* ; comme tels, ils avaient la saisine légale des biens
qui composaient leurs lots (1); ils étaient tenus des
dettes *ultra vires*, non à raison de leur émolument,
mais en proportion de leur part héréditaire.

B. — *Démission de biens*.

101. — Pothier définit la démission de biens « un
acte par lequel une personne, en *anticipant le temps
de sa succession*, se dépouille de son vivant de l'universalité de ses biens et en saisit d'avance ses héritiers
présomptifs, en retenant néanmoins le droit d'y ren-
trer lorsqu'elle le jugera à propos (2). »

En principe, la démission de biens n'était qu'un
abandon par indivis de ses biens faits par le démettant au profit des démissionnaires, qui en opéraient
ensuite le partage. Mais le démettant pouvait procé-

(1) Lebrun, *Success.*, l. IV, ch. I, n 11.
(2) Ed. Bugnet, t. Ier, p. 530. Introduct. au tit. XVII de la cout.
d'Orléans, Appendice, § Ier.

der lui-même au partage de ses biens dans l'acte de démission. C'est cette démission accompagnée de partage qui est l'origine du partage d'ascendant par acte entre-vifs de notre droit actuel.

La différence essentielle qui distinguait la démission de biens du partage d'ascendant, c'était que la première pouvait être faite par les collatéraux aussi bien que par les ascendants et qu'elle produisait son effet du vivant même du disposant.

La démission de biens répondait à plusieurs besoins. Elle permettait à celui qui portait avec peine le poids des années et des infirmités de se décharger de l'administration de ses biens entre les mains de ses héritiers présomptifs. Elle se pratiquait aussi, dit Ferrière (1), « entre gens d'un état très médiocre, qui, pour se mettre à couvert de la taille et s'assurer de quoi vivre en repos le reste de leurs jours, abandonnaient leurs biens à leurs présomptifs héritiers. »

La nature juridique de cette disposition était difficile à préciser. C'était un acte de disposition à titre gratuit qui différait à la fois des donations entre-vifs, car elle était révocable (2), et des testaments, car elle produisait des effets du vivant même du démettant. Aussi échappait-elle aux formalités des donations entre-vifs et des testaments et pouvait-elle se faire par un simple acte, mais à la condition que le

____

(1) *Dict. de dr. et de pratique*, v° *Démission de biens*, t. Ier, p. 504.
(2) Lebrun, *Success.*, l. Ier, ch. Ier, sect. V, n. 2.

démettant se fût conformé aux règles de fond de la démission. On ne la confondait pas non plus avec la donation à cause de mort, malgré beaucoup de ressemblances. Elle subsista même après que l'ordonnance de 1735 eut aboli ce mode de disposition.

Les personnes qui pouvaient faire une démission de biens étaient celles-là seules qui avaient le droit de transmettre leur succession. La démission de biens ne pouvait avoir lieu qu'au profit des héritiers présomptifs du démettant; elle devait n'en pas omettre un seul et se faire en proportion de la part héréditaire de chacun d'eux. Il fallait, de plus, qu'elle comprit l'universalité des biens du démettant; mais celui-ci pouvait retenir, soit l'usufruit de tout ou partie, soit des objets particuliers.

102. — La démission de biens produisait quelques effets très remarquables. D'abord, les démissionnaires, aussitôt la tradition faite, devenaient propriétaires. Ils étaient tenus des dettes que le démettant avait lors de la démission, mais seulement *intra vires* parce qu'on ne pouvait les regarder comme de véritables héritiers, représentant la personne du démettant dans ses obligations ainsi que dans ses droits, avant la mort de ce dernier.

La démission de biens, à la différence de la donation entre-vifs, était de sa nature révocable (1); sauf

(1) Elle était cependant irrévocable dans la coutume de **Bretagne** (art. 537). — V. éd. Poullain du Parc, p. 307.

exception pour le cas où elle était faite par contrat de mariage : elle participait alors vis-à-vis du futur époux à l'irrévocabilité du contrat dans lequel elle était intervenue ; mais elle pouvait être révoquée à l'égard des autres démissionnaires. La révocation produisait l'effet de l'accomplissement d'une condition résolutoire : elle obligeait les démissionnaires à restituer les biens au démettant, qui était censé n'en avoir jamais perdu la propriété.

D'ailleurs, l'acquisition définitive du droit de propriété par les démissionnaires était aussi subordonnée à la condition de leur survie. D'où l'on tirait cette conséquence que le prédécès du démissionnaire rendait la disposition caduque à son égard. S'il avait des enfants, appelés à le représenter, ceux-ci recueillaient sa part, non comme héritiers de leur père, mais *jure proprio* et comme représentant le prédécédé. S'il mourait sans postérité, sa part accroissait aux autres démissionnaires. Enfin lorsque le démissionnaire, prédécédé sans postérité, se trouvait seul héritier présomptif, la démission était réputée non avenue et les biens retournaient au démettant.

A la mort du démettant, les démissionnaires devaient prendre un parti définitif sur sa succession, ils pouvaient l'accepter soit purement et simplement, soit sous bénéfice d'inventaire, ou bien y renoncer. L'acceptation faisait passer définitivement dans leur patrimoine les biens du démettant et ils étaient tenus des dettes *ultra vires,* s'ils avaient accepté pure- ment et simplement ; *intra vires,* s'ils avaient usé du bénéfice d'inventaire.

En renonçant, au contraire, ils perdaient leurs droits sur les biens compris dans la démission ,tout au moins d'après l'opinion de Pothier (1) suivant laquelle la renonciation ne pouvait pas être scindée, le droit des démissionnaires, même sur les biens compris dans la démission, étant surbordonné à l'ac- quisition de la qualité d'héritier.

Cependant Ferrière (2) était d'un avis contraire : il prétendait que la démission formait à elle seule une sorte de succession indépendante de la succession ordinaire.

(1) Éd. Bugnet, t. Ier, p. 534 ; Cout d'Orléans, tit. XVII, Appendice § 1 n° 15. Il faisait cependant exception pour le cas où l'acte de démission était revêtu des formes des donations entre-vifs ou fait par contrat de mariage.

(2) Dict. de droit, v° *Démission de biens,* t. Ier, p. 509.

CHAPITRE II

103. — La Révolution, se basant sur le principe d'égalité qu'elle avait inscrit en tête de ses lois, bouleversa tout le régime successoral ; elle abolit la féodalité, détruisit la noblesse, supprima les privilèges de masculinité et de primogéniture. Les pactes sur succession non ouverte, qui avaient reçu leur grand développement sous l'influence des idées féodales et nobiliaires, devaient subir le contre-coup de ces mesures. Nous allons suivre pendant la période intermédiaire la destinée de chacun de ceux que nous avons étudiés dans l'ancien droit.

104. — Commençons par l'*institution contractuelle*. La Constituante la conserva intacte. Elle se contenta d'établir le nouveau principe d'égalité en abolissant les droits d'aînesse et de masculinité (décret 15 mars 1790, titre 1er, art. 11), mais sans prohiber une distribution inégalement faite par un père de famille dans le contrat de mariage de l'un de ses enfants. Aucune des conventions de succéder en vigueur avant la Révolution ne se trouva atteinte par

ses premières lois et toutes purent être pratiquées
aussi bien que par le passé.

Ce fut la Convention qui entra dans la voie des
prohibitions. La Constituante avait posé le principe de
l'égalité entre les héritiers ; mais cela ne suffisait pas,
il fallait encore en assurer le respect, le faire passer
dans le domaine de la pratique. Telle fut l'œuvre de
la Convention. Le 7 mars 1793, elle décréta que la
faculté de disposer de ses biens soit à cause de mort,
soit entre-vifs, soit par donation contractuelle *en
ligne directe*, était abolie et qu'en conséquence tous
les descendants auraient un droit égal dans le partage
des biens de leurs ascendants. Les institutions contractuelles ne furent donc plus possibles qu'entre
parents *collatéraux* ou entre *étrangers* (1).

La Convention ne s'en tint pas là, elle prononça
l'effet rétroactif de ses dispositions jusqu'au 14 juillet
1789, par la loi du 5 brumaire de l'an II, dont l'article 9 est ainsi conçu : « *Les successions des pères,
mères ou autres ascendants et des parents collatéraux,
ouvertes depuis le 14 juillet 1789 et qui s'ouvriront à
l'avenir, seront partagées également entre les enfants,
descendants ou héritiers en ligne collatérale, nonobstant
toutes les lois, coutumes, usages, donations, testaments
et partages déjà faits. En conséquence, les enfants,
descendants et héritiers en ligne collatérale ne pour-*

____

(1) Bonnet, *Disposit. par contrat de mar.*, t. 1, p. 310 ; Anouilh,
Revue hist., 1860, p. 386.

ront, même en renonçant à ces successions, se dispen-
ser de rapporter ce qu'ils auront eu à titre gratuit par
l'effet des donations que leur auront faites leurs ascen-
dants ou leurs parents collatéraux postérieurement au
14 juillet 1789. » On exceptait cependant les *dona-*
tions par contrat de mariage en ligne collatérale
(art. 10).

La même loi de brumaire contenait, de plus, un
article 11 dont voici la teneur : « *Les dispositions de*
l'article 9 *ci-dessus,* y est-il dit, *ne font point obs-*
tacle pour l'avenir à la faculté de disposer du dixième
de son bien, si on a des héritiers en ligne directe ;
ou du sixième, si l'on n'a que des héritiers collatéraux,
au profit d'autres que les personnes appelées par la
loi au partage des successions. » Ainsi l'institution
contractuelle ne fut plus possible, à partir de la loi
de brumaire, que dans ces limites extrêmement restreintes.

Enfin, la loi du 17 nivôse an II, allant encore plus loin
que celle de brumaire dans la voie de la rétroactivité,
annula les institutions contractuelles et toutes les
dispositions à cause de mort antérieures au 14 juillet
1789 (art. 1). Mais le mauvais effet de pareilles dispositions ne tarda pas à se faire sentir : il en résulta
des difficultés inextricables, les tribunaux ne purent
prononcer en connaissance de cause sur les réclamations qui leur étaient adressées. Comme il arrive toujours quand on a dépassé le but par des mesures trop

radicales, on fut obligé de revenir sur ce que la Convention avait fait. C'est la loi du 18 pluviôse an V qui mit fin à un état de choses regrettable, par son article premier : « *Les avantages, prélèvements, préciputs, donations entre-vifs, institutions contractuelles et autres dispositions irrévocables de leur nature, légitimement stipulés en ligne directe, avant la publication de la loi du 7 mars 1793 et, en ligne collatérale ou entre individus non parents, antérieurement à la publication de la loi du 5 brumaire an II, auront leur plein et entier effet, conformément aux lois, tant sur les successions ouvertes jusqu'à ce jour que sur celles qui s'ouvriront à l'avenir.* »

105. — Nous venons de voir quel fut le sort de l'institution contractuelle pendant la période intermédiaire. Les autres pactes sur succession future n'y furent pas mieux traités. On constate, en effet, la disparition complète des *renonciations des filles* aux successions non-ouvertes de leurs pères et mères. Elles furent abolies par la loi du 5 brumaire an II (art. 14) (1).

De plus, comme la loi de nivôse avait supprimé la distinction des propres et des acquêts, fondamentale en matière de successions coutumières, la *stipulation de propres*, qui avait joué autrefois un si grand rôle, n'eût plus de sens désormais.

____

(1) Cpr. le décret interprétatif du 22 ventôse an II (art. 56).

106. — *Partage d'ascendant.* — Il y a controverse sur le point de savoir si le partage d'ascendant était possible sous la loi de nivôse. Certains auteurs (1) prétendent que cette loi, en consacrant le système de l'égalité, avait enlevé aux ascendants le pouvoir de partager leurs biens entre leurs enfants, car ils auraient eu ainsi un moyen facile de violer l'égalité.

On peut répondre que la consécration du principe d'égalité n'entraînait pas nécessairement l'abolition du partage d'ascendant, car ce mode de disposition avait été admis dans les coutumes d'égalité parfaite. On devait seulement en déduire que le partage d'ascendant était nul lorsqu'il avait établi des parts inégales entre les enfants (2). Il est donc probable que les partages d'ascendants furent traités sous l'empire de la loi de nivôse comme ils l'avaient été dans les coutumes d'égalité : le juge avait un pouvoir d'appréciation pour n'annuler que les inégalités d'une certaine importance et maintenir les autres comme le résultat d'une erreur de l'ascendant.

Du reste, toutes les raisons de s'opposer à ces partages disparurent sous la loi du 5 germinal an VIII, qui permit de faire à ses héritiers des libéralités préciputaires.

107. — *Démission de biens.* — Il est certain que la démission des biens était admise sous l'empire de

(1) Genty, *Part. d'ascend.*, n° 62, p. 71.
(2) Lyon-Caen, *thèse doct.*, Paris, 1866, p. 154.

la loi de nivôse; celle-ci avait étendu à toute la
France le système des coutumes d'égalité parfaite;
or, la démission de biens n'avait rien de contraire à
ce principe d'égalité absolue, car elle devait être
faite à tous les héritiers présomptifs et en proportion
des droits héréditaires de chacun. D'ailleurs le maintien de cette institution résulte de l'article 18 de la
loi du 22 ventôse an II.

DEUXIÈME PARTIE

CODE CIVIL

CHAPITRE PREMIER

DE LA PROHIBITION ET DE SES MOTIFS.

108. — Le Code civil pose le principe général de la prohibition des conventions sur succession non ouverte dans l'article 1130 ainsi conçu : « *Les choses futures peuvent être l'objet d'une obligation. On ne peut cependant renoncer à une succession non ouverte ni faire aucune stipulation sur une pareille succession, même avec le consentement de celui de la succession duquel il s'agit* » (1). Il est plus sévère que le Droit romain et non pas sans intention. « Les Romains étaient tombés dans une espèce de contradiction, nous dit Grenier (2) dans son Discours sur le titre *de la Vente* (art. 1600), en voulant, dans une de leurs lois, que la succession d'une personne vivante pût être vendue lorsque la vente était faite de son con-

---

(1) Le principe est reproduit plusieurs fois directement ou indirectement par les articles 791, 1389 et 1600.

(2) Locré, *Législ. civile*, t. XIV, p. 242, n° 16.

sentement. Cette exception n'était point admise dans la jurisprudence française, ou au moins dans plusieurs tribunaux, et le projet de loi, en le rejetant, fera disparaître toute difficulté. » Et le tribun Mouriault (1) ajoute dans son Discours sur le titre *des Contrats* (art. 1130) : « Le projet.... défend toutes conventions sur les successions futures, encore que ceux de qui elles peuvent provenir y consentent.... »

109. — La prohibition est d'ailleurs aussi étendue que possible, elle s'applique aux conventions qui ne comprennent qu'un objet particulier d'une succession comme à celles qui en comprennent l'universalité. La combinaison des articles 1130 et 791 ne laisse aucun doute à cet égard : l'article 1130 parle de *succession* en général ; le second, plus circonstancié, englobe dans la prohibition toute aliénation des *droits éventuels qu'on peut avoir à une succession*. Ils s'appliquent donc à la vente d'un objet singulier comme à celle d'une universalité. Si, d'ailleurs, il était permis de contracter sur un objet individuel, rien ne serait plus facile que d'éluder la prohibition ; puisqu'on pourrait épuiser la succession au moyen de contrats particuliers qui comprendraient une à une toutes les choses héréditaires (2).

110. — Quels sont donc les motifs dont se sont

(1) Locré, *op. cit.*, t. XII, p. 556, n° 10.
(2) Troplong, *Vente*, t. 1ᵉʳ, n· 246. — Cass., 11 nov. 1845. Sir., 45, I, 785.

inspirés les rédacteurs du Code? Pour répondre à
cette question, nous allons distinguer les conventions
sur succession future en trois classes, comme nous
l'avons fait en Droit romain. Les auteurs, en général,
ne suivent pas cette méthode ; c'est peut-être la
cause des divergences d'opinion que nous allons relever dans ce chapitre.

§ 1. — Conventions par lesquelles deux tiers contractent relativement à la succession d'une personne vivante,

111. — Bigot-Préameneu, dans son *Exposé des motifs* sur le titre III du livre III (1), nous dit que ces conventions sont « incompatibles avec l'*honnêteté publique.* » Telle est l'idée traditionnelle qui les a fait interdire, le motif qui inspire les jurisconsultes romains,
reproduit par Pothier et par tous les rédacteurs du
Code. Portalis (2) disait de même dans son *Exposé des
motifs* sur l'articles 1600 : « Nous savons qu'il est des
contrées où les idées de la saine morale ont été tellement obscurcies et étouffées par un vil esprit de commerce qu'on y autorise les assurances sur la vie des
hommes. Mais en France de pareilles conventions ont
toujours été prohibées. Nous en avons la preuve dans
l'ordonnance de la Marine de 1681 qui n'a fait que
renouveler les défenses antérieures (3). L'homme est

(1) Locré, *Législ. civ.*, t. XII, p. 324, n° 25.
(2) Locré, *eod.*, t. XIV, p. 195, n° 20.
(3) Malgré ces paroles de Portalis, on reconnaît aujourd'hui le carac-

hors de prix, sa vie ne saurait être un objet de commerce; sa mort ne peut devenir la matière d'une spéculation mercantile. Ces espèces de pactes sur la vie ou sur la mort d'un homme sont *odieux* et ils peuvent ne pas être sans danger. La cupidité qui spécule sur les jours d'un citoyen est souvent bien voisine du crime qui peut les abréger. La vente de la succession d'une personne vivante est un contrat éventuel sur la vie de cette personne. Elle a donc tous les vices, tous les dangers qui ont fait proscrire le contrat d'assurance sur la vie des hommes; elle en a de plus grands encore : elle nous offre le spectacle affligeant d'un parent, d'un proche assez dénaturé pour consulter, avec une sombre et avide curiosité, le livre obscur des destinées, pour fonder de honteuses combinaisons sur les tristes calculs d'une prescience criminelle; et je ne crains pas de le dire, pour oser entr'ouvrir la tombe sous les pas d'un parent, d'un bienfaiteur, peut-être.. »

On voit donc bien quelles idées inspiraient le législateur quand il a introduit dans le Code la prohibition des pactes sur succession future, il ne saurait y avoir de doute à cet égard, puisque les rapporteurs se servent tous des mêmes expressions : tous nous représentent de pareilles conventions comme odieuses,

tère hautement moral du contrat d'assurance sur la vie et si le législateur ne l'a pas réglementé, du moins en a-t-il admis l'existence et la validité. (L. 5 juin 1850, art. 37 § 3. — L. 24 juil. 1867, sur les *Sociétés,* art. 66. — L. 11 juil. 1868. — L. 21 juin 1875, art. 6 et 7.)

contraires « à la saine morale » ou « à l'honnêteté publique. »

112. — Nous avons insisté sur ces données des travaux préparatoires, parce que la plupart des auteurs modernes (1) adoptent un point de vue tout différent pour apprécier notre prohibition. Ils prétendent que son véritable motif n'est pas l'immoralité de pareils contrats. Voici comment ils soutiennent leur système. Le Code autorise bien des conventions qui peuvent faire naître chez l'une des parties l'espérance et le désir de la mort de l'autre. Ainsi la constitution de rente viagère renferme au suprême degré le vœu homicide, le Code l'a pourtant bien permise. Je vous donne dix mille francs payables à mon décès ; je constitue une dot à ma fille cent mille francs, dont cinquante payables au décès de mon oncle. Voilà des conventions qui sont assurément valables et cependant il en résulte que vous avez intérêt à ma mort pour toucher les dix mille francs que je vous dois ; que ma fille et mon gendre ont intérêt au décès de mon oncle pour toucher cinquante mille francs de dot. Les mêmes auteurs continuent. Si le code n'avait prohibé les pactes sur succession future que parce qu'ils contiennent un vœu homicide, il aurait dû faire comme le Droit romain, c'est-à-dire poser une exception en faveur des stipulations auxquelles la personne vivante sur la

____

(1) Larombière, *Obl.*, t. 1er, art. 1130, nº 6; Colmet de Sant., t. V, art. 1130, nº 45 *bis*.

succession de laquelle on aurait traité, aurait donné son consentement, en y persistant jusqu'au moment de son décès. Or, le Code n'a pas tenu compte de cet assentiment, c'est donc qu'il s'est placé à un autre point de vue.

Assurément il n'est pas demeuré indifférent aux considérations de moralité et de décence publiques, mais il ne leur a pas prêté l'importance qu'on y attachait antérieurement. S'il a prohibé les conventions sur successions futures, c'est parce qu'il les considérait comme entachées du vice de lésion. « Dans les contrats qui ont pour objet une succession future, dit M. Colmet de Santerre (*loco cit.*), le droit du futur héritier est incertain, l'émolument qu'il procurera l'est également. En présence de cette double incertitude, l'héritier présomptif peut être facilement entraîné, par la cupidité ou le besoin, à aliéner pour des sommes insignifiantes un droit qui lui semble peu important par son éloignement. » Les principes du droit commun excluent l'action en lésion contre les conventions aléatoires. La loi a sans doute considéré comme particulièrement favorable la situation de celui qui contracte sur une succession future. Présumant toujours la lésion, elle a déclaré nulles de droit des conventions qui, par la force même des choses, sont d'ordinaire entachées de ce vice.

113. — Malgré cette argumentation spécieuse de jurisconsultes éminents, nous croyons devoir nous en tenir aux motifs allégués plus haut et cela pour de nombreuses raisons. La première, c'est que le système de nos adversaires est en contradiction absolue avec les travaux préparatoires de la loi, dont nous avons cité de nombreux passages : le législateur n'est pas préoccupé de l'idée d'une lésion ; partout il y est question seulement de protéger l'honnêteté publique, les bonnes mœurs. Or, devant une telle concordance dans les rapports ou les exposés des motifs venant du Conseil d'État ou du Tribunat, étant donné aussi qu'une tradition constante s'inspire des mêmes principes, il n'est pas possible d'adopter des conclusions différentes des nôtres.

Il semble cependant que, pour nous en tenir à l'idée exprimée par les travaux préparatoires, nous fassions encourir le reproche d'inconséquence au Code civil, qui, d'une part, interdit comme immorales les conventions sur successions futures parce qu'elles intéressent à la mort d'un tiers et, d'autre part, autorise les contrats de rente viagère qui offrent manifestement le même intérêt.

M. Laurent (1) s'accommode facilement de ce reproche : « Il se peut, dit-il, que le Code soit inconséquent, mais il faut l'accepter tel qu'il est. » On ne saurait, en effet, prétendre réformer une volonté manifeste du législateur. Mais est-il bien vrai que le Code soit inconséquent ? Est-il bien vrai que le con-

____
(1) T. XVI, p. 116, n° 83.

trat de rente viagère présente les mêmes inconvénients, voire les mêmes dangers que les conventions
sur succession future. Nous ne le croyons pas. Le
contrat de rente viagère, en effet, diffère des conventions sur succession future en ce que l'on n'y dispose pas des dépouilles de la personne dont le décès
est pris en considération ; dans ce contrat aléatoire la
possibilité du décès est simplement un élément de
calcul des chances. Voilà une première différence au
point de vue juridique. Sur le terrain des considérations, on peut remarquer que le contrat de rente
viagère est un acte de prévoyance ; les conventions
sur successions futures sont le plus souvent, au
contraire, des actes d'imprévoyance et de dissipation.

Avouons enfin que le sort des individus qui traitent sur des successions futures ne nous intéresse pas
beaucoup ; nous ne comprendrions pas que l'on ac-
cordât une faveur à leur faiblesse et nous les verrions
sans peine victimes de leur cupidité, si l'intérêt social
n'intervenait ici pour le maintien de l'honnêteté publique. Il est cependant un cas où l'idée d'une lésion
nous paraît avoir préoccupé le législateur, c'est celui
de la renonciation ; mais ce n'est pas le lieu d'en traiter ici, nous verrons plus loin les motifs qui l'ont fait
interdire. Signalons seulement un intérêt palpable
de notre distinction des conventions sur successions
futures en trois classes, qui, négligée par les auteurs,
est peut être la cause de leurs divergences, et main-

·tenons notre donnée première que les conventions faites par deux tiers sur la succession d'une personne vivante sont prohibées comme immorales.

114. — L'intérêt de la question que nous avons si longuement débattue, est fort important. Les motifs de la prohibition déterminent le caractère et la portée de la nullité qui en résulte. En effet, d'une part, si la lésion était la cause de la prohibition, celle-ci serait purement d'intérêt privé, il s'en suivrait que la partie lésée aurait seule le droit d'agir en rescision. Si, au contraire et comme c'est notre avis, les conventions successorales sont prohibées comme contraires aux bonnes mœurs et à l'ordre public, elles sont plus que nulles, elles n'ont pas d'existence légale.

D'autre part, le juge sera plus ou moins sévère dans l'application de la loi, selon qu'il la rattachera à tel ou tel principe. S'il est convaincu que les conventions sur succession future n'ont rien d'illicite, que c'est une question de lésion, il sera porté à les maintenir en leur donnant une interprétation qui permette de les valider. Nous croyons, au contraire, que le juge doit les annuler dans un intérêt social, sans se préoccuper de l'intérêt individuel.

Remarquons en terminant que la jurisprudence en cette matière n'a pas de principe certain : tantôt elle est plus rigoureuse que la loi, tantôt elle cherche des motifs pour maintenir des conventions qui, seulement en apparence, n'ont pas de caractère illicite.

**§ 2. — Conventions par lesquelles une personne prend un
engagement sur sa propre succession.**

115. —Elles sont immorales et dangereuses comme
celles de la première classe, parce qu'elles intéressent le stipulant à la mort du promettant et qu'il n'est
pas honnête de spéculer sur le décès plus ou moins
lointain d'une personne vivante. De plus, les auteurs
font remarquer avec raison qu'il y a, pour les interdire, un autre motif plus juridique tiré de l'article 895 du Code civil, qui déclare essentiellement
révocable l'acte par lequel on dispose de ses biens
pour le temps où l'on n'existera plus. Or, si l'on pouvait disposer par contrat, on ferait un acte irrévocable contraire au vœu de la loi. Le Code ne trouve
pas bon qu'une personne s'engage irrévocablement
sur la transmission de son patrimoine futur ; il veut
très sagement une porte toujours ouverte au retour
sur de premières intentions.

Ajoutons enfin que si de pareilles conventions
avaient été autorisées, les parents auraient pu disposer de leur succession de façon à créer des inégalités
entre leurs enfants et assurer, par exemple, à l'aîné
une part avantageuse.

D'ailleurs nous ne croyons pas que le contrat par
lequel une personne dispose de sa succession devînt

valable parce que cette personne se réserverait le droit
de l'anéantir en faisant d'autres dispositions, sans
doute on ne pourrait plus dire que le disposant a
aliéné sa liberté de tester, qu'il a pris relativement à
sa succession des engagements irrévocables ; cependant le contrat serait nul parce que c'est seulement
par un acte solennel et de dernière volonté, le testament, qu'une personne peut disposer des biens qu'elle
laissera à son décès.

**§ 3. — Conventions par lesquelles un successible renonce
à ses droits dans une succession non ouverte.**

116. — Ces conventions ne sont assurément pas
défendues sous prétexte qu'elles contiennent le *votum
mortis*, en renonçant on se détache de tout intérêt
pécuniaire. Elles ne sont donc pas immorales de la
part de celui qui renonce ; mais ne le sont-elles pas
de la part de l'autre contractant ? Telle est bien l'idée
qui ressort des travaux préparatoires (1). « Les renonciations auxquelles on forçait les filles de souscrire par
leurs contrats de mariage et sans lesquelles on ne
leur permettait guère de se marier, dit Chabot de l'Allier, avaient la même tâche d'injustice et de féodalité
que les exclusions coutumières : elles blessaient également la nature et l'égalité et il fallait également
les proscrire. » Et le tribun Siméon : « La vente de

(1) Locré, *Législ. civ.*, t. X, p. 256, n° 43 ; p. 299, n° 37.

la succession d'un homme vivant offense les convenances ; elle suppose autant le désir que la trop active prévoyance de sa mort. La renonciation, si elle est payée, est une vente qui a les mêmes vices que la vente elle-même ; si elle est gratuite, elle est une sorte de mépris, une offense faite à celui dont on répudie d'avance l'héritage ; ou s'il la sollicite lui-même, elle peut être forcée par l'autorité qu'il exerce ; elle peut entraîner pour le renonçant une *lésion* que la loi ne doit pas souffrir. »

Ici nous voyons apparaître l'idée de lésion, que nous avons combattue dans notre premier paragraphe ; nous n'en contesterons pas la justesse à cette place : d'une manière générale, en effet, on attache peu d'importance à un droit éventuel, à raison de son incertitude, et l'on est porté à y renoncer à vil prix. Des conventions de ce genre sont donc souvent entâchées du vice de lésion. De plus, l'influence de l'autorité paternelle pourrait arracher à des enfants des renonciations incompatibles avec le principe de l'égalité des partages. On conçoit donc que le législateur ait tenu compte de ces idées dans la prohibition des renonciations. Mais cela n'infirme en rien le raisonnement que nous avons fait plus haut pour établir qu'il s'était préoccupé surtout de l'immoralité des conventions sur succession future ; le point de vue particulier auquel il se place ici, dans une hypothèse spéciale, n'exclut pas le point de vue plus général que nous croyons être le vrai et le plus important.

117. — M. Demolombe (1) assigne un autre motif à la nullité des renonciations. Suivant lui, ce serait leur défaut d'objet qui les aurait fait interdire : « L'acceptation, dit-il, quel qu'en soit le mode, ou la renonciation, ne peut évidemment se concevoir sans objet; or, tant que la succession n'est pas ouverte, il n'y a pas d'objet, il n'y a rien. » Il faut repousser ce motif qui, s'il était fondé, pourrait s'appliquer à toutes conventions successorales, même à celles que la loi tolère par exception, ce qui conduirait à reconnaître que la loi valide des conventions sans objet (2). Les successions non ouvertes existent, en effet, en tant que choses futures et l'on concevrait très bien qu'elles fassent l'objet d'un contrat. Si un pareil contrat est nul, ce n'est donc pas parce qu'il manque d'objet.

(1) T. XIV, n° 300.
(2) La même critique s'adresse à M. Laurent qui exprime la même idée au n° 418, p. 486, t. IX.

CHAPITRE II

DES ÉLÉMENTS CONSTITUTIFS DU PACTE SUR SUCCESSION FUTURE ET DE L'ÉTENDUE D'APPLICATION DE LA PROHIBITION.

118. — Il est parfois difficile de reconnaître si une convention constitue un pacte sur succession future et tombe, en conséquence, sous le coup de l'article 1130 ; il importe donc de déterminer exactement les conditions essentielles pour constituer le pacte prohibé. De plus, l'application de l'article 1130 a soulevé dans la doctrine de nombreuses et intéressantes questions sur lesquelles le champ des controverses est ouvert. Nous nous proposons de rechercher tout d'abord les éléments constitutifs du pacte sur succession future, de choisir, parmi les espèces que nous fournit la jurisprudence, les plus intéressantes et les mieux faites pour éclairer les principes ; après quoi, nous prendrons parti sur chacune des controverses qu'a soulevées dans la doctrine l'application de l'article 1130.

§ 1er.

119. — Si nous nous demandons tout d'abord à quoi l'on peut reconnaître la convention *faite par deux* *tiers* sur la succession d'une personne vivante, nous constaterons, avec M. Larombière (1), que trois conditions sont essentielles pour constituer le pacte sur succession future. Il faut : 1° que le pacte soit fait dans la prévision de l'ouverture d'une succession ; 2° que la chose, objet de ce contrat, doive se trouver dans cette succession ; 3° qu'elle soit considérée comme devant appartenir au promettant à titre successif.

Nous allons établir la nécessité de ces trois conditions.

120. — 1° Il faut que le pacte soit fait dans la prévision de l'ouverture d'une succession. On ne conçoit pas que l'on puisse stipuler sur une succession future sans prévoir l'ouverture de cette succession. Ainsi l'engagement que contractent les héritiers présomptifs d'un obligé de garantir ses obligations, en termes généraux et indéfinis, ne tombera pas sous le coup de l'article 1130, parce que ces héritiers n'ont pas contracté en prévision de l'ouverture d'une succession à leur profit, ils ont agi purement et simplement comme aurait agi un garant quelconque.

121. — 2° La chose, objet du contrat, doit se trouver dans la future succession; au cas contraire, en effet, il n'y aurait pas aliénation de droits successifs.

____

(1) *Obligat.* t. 1ᵉʳ, art. 1130, n° 14.

Ainsi l'on peut prendre l'ouverture d'une succession comme terme ou comme condition d'un contrat. Par exemple, je vous vends ma maison si vous survivez à telle personne, ou bien si je suis l'héritier de telle personne ; nous contractons bien dans la prévision d'un décès, mais nous ne faisons pas un pacte sur succession future car notre convention n'a pas pour objet une chose qui doive se trouver dans cette succession.

Il n'y a pas non plus convention prohibée dans le contrat par lequel un associé dispose de son émolument éventuel dans une société non dissoute. Il ne traite là ni sur la succession future d'autrui, ni sur la sienne propre. Il ne contracte pas sur la succession future d'autrui, sur la succession de ses associés ; car si nous supposons la société dissoute par la mort de l'un des associés, ce ne sera pas dans la succession de celui-ci que se trouvera l'objet de la convention. Il ne s'oblige pas non plus sur sa propre succession ; car en supposant que la société se dissolve par sa mort, il n'a, en réalité, obligé que des biens présents et actuels. « Contenus en germe dans le contrat de société, dit M. Larombière (1), les droits par lui cédés datent de l'association même. Pour n'être liquidés et certains qu'à sa mort, il n'en est pas moins vrai qu'ils ont une existence anté-

____

(1) *Obl.*, t. Iᵉʳ, art. 1130, nᵒ 11.

rieure, et que la convention qui s'en est emparée à titre de biens présents, les a empêchés de faire partie de l'hérédité du cédant. »

Nous regardons de même comme parfaitement valable la cession que la femme ou le mari ferait par anticipation de ses droits éventuels dans la communauté non dissoute.

122. — 3° Enfin, il faut que le promettant doive recueillir la chose, objet du contrat, à titre successif. En prohibant les conventions sur succession non ouverte, la loi entend évidemment par là une convention qui ait pour objet certaines choses faisant partie d'une succession éventuelle et qu'on doit y prendre à titre héréditaire. Si donc la chose sur laquelle porte la convention ne doit se prendre dans la succession future qu'à titre de propriétaire ou de créancier, il n'y a pas le pacte prohibé par l'article 1130, alors même que le droit de propriété ou de créance ne doit s'ouvrir ou se liquider qu'à l'ouverture de la succession.

Ainsi l'on s'est demandé si une femme peut valablement disposer des gains de survie qu'elle a stipulés dans son contrat de mariage. Nous croyons que cette convention ne tombe nullement sous le coup de l'article 1130 : la femme dispose sans doute d'un droit qui s'ouvre au décès du mari, mais elle ne dispose pas d'un droit qui lui appartiendrait dans la succession du mari, puisqu'elle exerce ce droit à titre de créancière, non à titre d'héritière (1)

Nous déciderons de même que le mari peut céder, du vivant des constituants, tout ou partie de la dot mobilière constituée à sa femme et exigible seulement à leur décès. Il stipule uniquement sur une créance à terme et non sur une succession future : son droit est indépendant, quant à son existence, de l'ouverture des successions de ceux qui ont constitué la dot (2).

123. — Voici, au contraire, quelques hypothèses de conventions prohibées. Les héritiers présomptifs d'une personne s'entendent de son vivant sur un certain mode de partage de sa succession future. C'est là un pacte prohibé, car il est fait dans la prévision de l'ouverture d'une succession, où son objet doit être pris par les promettants à titre successif.

La convention par laquelle on s'engage soit comme caution, soit comme obligé principal, à payer une somme au décès et sur ce qui reviendra dans la succession d'une personne encore vivante, est nulle comme ayant pour objet une succession future. On contracte, en effet, dans la prévision de l'ouverture d'une succession et sous la double condition qu'on

____

(1) Cass., 22 fév. 1831, Sir. 31, 1, 107. Agen, 12 mai 1848, Sir. 48, 2, 301. Cass., 16 juillet 1849 ; Sir. 50, 1, 380. Voy. cependant une importante restriction que nous apportons plus loin à cette doctrine, n° 135.

(2) Cass., 12 août 1846, Sir. 46, 1, 602.

sera héritier et que l'on trouvera dans l'hérédité de quoi payer. Sans doute, on peut prendre comme terme d'un engagement le décès de telle ou telle personne ; mais ici cet engagement ne peut produire d'effet que sur la succession de cette personne, tellement que si l'on ne recueillait rien, il deviendrait sans objet.

La Cour suprême a déclaré nulle, comme contenant un pacte sur succession future, la convention par laquelle des créanciers avaient renoncé à poursuivre leur débiteur jusqu'après la mort de son père, moyennant l'abandon que faisait le débiteur de sa part dans la succession de celui-ci. Le contrat contenait, en outre, les deux clauses suivantes : 1° l'abandon de ladite part, quelle qu'en fût la quotité, devait avoir pour effet de libérer complètement le débiteur ; 2° le bénéfice de la même part était assuré aux créanciers pour le cas de prédécés du débiteur, par le cautionnement du père et des autres cohéritiers présomptifs du débiteur. On avait fondé le pourvoi en cassation sur ce motif que la convention était un simple atermoiement ou cautionnement. Mais la cour a bien jugé, suivant nous, car on trouve ici tous les éléments du pacte prohibé : prévision de l'ouverture d'une succession et disposition d'une part de cette succession par un héritier présomptif (1).

(1) Cass., 2 fév. 1874 ; Sir. 74, 1, 350.

124. — Nous ne nous sommes occupé jusqu'ici que des *pactes faits par deux tiers* sur la succession d'une personne encore vivante. Les conventions par lesquelles *une personne dispose de sa propre succession* ne présentent pas moins de difficultés. Voici des espèces intéressantes où la jurisprudence nous paraît avoir fait une juste application des principes.

Elle a décidé qu'un testament tombait sous le coup de l'article 1130, lorsqu'il avait pour cause un contrat passé le même jour entre le testateur et le légataire. Ce testament était ainsi conçu : « Je soussignée, en vertu d'un écrit par lequel ma belle-fille, d'accord avec son mari, m'abandonne la jouissance pendant ma vie de toute propriété qui pouvait lui revenir à la mort de son père, lui donne et lègue tous mes biens. » Le même jour, la légataire et son mari avaient fait l'acte suivant : « Nous, soussignés, en vertu d'un testament par lequel notre belle-mère nous institue légataires universels, reconnaissons lui laisser la jouissance pleine et entière de tous les droits que nous pourrons avoir à la propriété de notre père et beau-père. Dans le cas où notre belle-mère révoquerait son dit testament, le présent écrit sera nul. » La Cour de Bordeaux jugea que les deux actes ne formaient qu'un seul et même tout et elle les annula comme pacte sur succession future : le testament n'était, en réalité, qu'une convention dont l'un des éléments était l'abandon de jouissance. A

l'appui du pourvoi en cassation qui fut formé contre
cet arrêt, on soutint que le testament ne peut être
considéré comme un pacte, puisqu'il est révocable ;
on ajoutait que le propriétaire peut disposer de ses
biens quelle que soit la cause qui le détermine.
La cour de Bordeaux avait répondu par avance que
l'article 1130 est absolu, qu'il défend toute stipulation sur une succession non ouverte, peu importe
qu'elle soit révocable (1).

Par testament olographe une femme institue son
mari héritier à la condition suivante : « Au moyen
de l'engagement ci-dessus pris par moi, mon mari
s'engage à disposer, en faveur de mes héritiers, de
tout ce qu'il possédera au jour de son décès s'il me
survit. » Au verso de la même feuille de papier, le
mari avait écrit : « Ma femme stipulant un engagement de ma part de donner à ses héritiers tout ce
que je posséderai au jour de mon décès, je prends
ici l'obligation de satisfaire à ses intentions ». Les
héritiers demandèrent la nullité du testament ; leur
réclamation, repoussée en première instance, fut
accueillie par la cour de Paris. De prime abord, on
est tenté de déclarer valable le testament de la
femme, qui ne paraît pas enchaîné à celui du mari.
Mais ce serait mal comprendre la volonté de la tes-
tatrice qui s'engageait formellement à laisser ses
biens à son mari, à la condition que celui-ci s'o-

____

(1) Cass., 25 janv, 1853, Dal., 53, 1, 43.

bligeât, de son côté, à disposer au profit des parents
de sa femme. Cette condition ne tombait pas sous
le coup de l'article 900, parce que l'acte où elle
était apposée ne constituait pas une libéralité, mais
un contrat bilatéral et à titre onéreux ; il fallait
donc appliquer l'article 1172 et annuler la convention tout entière comme portant sur une succession
future (1).

§ 2.

125. — Nous avons recherché dans un premier
paragraphe quelles étaient les conditions d'application de l'article 1130, nous devons poursuivre cette
étude, conformément au plan que nous nous sommes tracé, en prenant partie sur chacune des controverses qu'a soulevées dans la doctrine cette même
application.

I. La première que nous rencontrons dans l'ordre
du Code est la suivante : les conventions faites sur
la succession d'un absent tombent-elles sous le coup
de l'article 1130 ?

Cette question, que l'obscurité de la matière de
l'absence rend fort difficile, est très diversement

---

(1) Paris, 12 nov. 1858, Dal., 59, 2, 131. Jugé, en sens contraire
cependant, que deux testaments faits *en contemplation* l'un de l'autre
par deux époux réciproquement testateurs et légataires, ne peuvent
être considérés comme établissant une convention ou des engagements
mutuellement obligatoires ; mais constituent, au contraire, deux actes
distincts qui doivent être examinés isolément l'un de l'autre, pour
statuer sur leur validité. (Cass., 11 déc. 1867, Dal., 67, 1, 471.)

résolue. Suivant M. Laurent (1) de semblables conventions sont nulles, à raison de l'incertitude qui règne sur l'existence ou sur la mort de l'absent : la loi ne présume pas la mort de l'absent, sa succession n'est jamais ouverte ; c'est, dit-il, une raison décisive pour interdire tout traité de ce genre. Mais si la loi ne présume pas la mort de l'absent, présume-t-elle son existence ? Nous verrons plus loin que l'on ne saurait tirer aucune présomption des dispositions du Code. On pourrait donc avec autant de raison retourner l'argument de M. Laurent contre lui-même et déclarer que tout traité sur la succession d'un absent est valable, parce que l'existence de l'absent n'est pas présumée.

M. Larombière (2) pense, toutefois que pendant la présomption d'absence et l'envoi en possession provisoire, la loi présume l'existence de l'absent ; toutes les mesures qu'elle ordonne sont dans l'intérêt de celui-ci ; elles sont, dit-il, toutes combinées dans la pensée que l'absent vit encore et peut revenir. Stipuler, à ce moment, sur la succession de l'absent, ce serait traiter sur la succession d'un individu présumé vivant ; la stipulation ne serait donc pas valable. Elle doit être permise, au contraire, durant *l'envoi en possession définitif,* car la loi finit alors par présumer le décès de l'absent. Les envoyés en posses-

(1) T. XVI, no 97.
(2) *Obligat.* t. I^r, art. 1130, no 28.

sion ne sont plus de simples dépositaires comme
dans la période précédente, ils sont propriétaires
et maîtres, il y a ici une succession ouverte sur
laquelle on peut valablement stipuler.

126. — Pour notre part, nous adhérons à ces
dernières conclusions, nous mettons hors de discussion le cas de l'envoi définitif et nous n'hésitons pas
à déclarer que la stipulation est valable dans cette
dernière période de l'absence : l'article 132, qui
maintient les aliénations faites par les envoyés en
possession définitif alors même que l'absent reparaî-
trait, nous semble commander une pareille solution.
Mais nous déciderons différemment pour les autres
cas. Le fondement du système de M. Larombière ne
nous paraît, en effet, pas très solide. Il voit dans la
loi une présomption en faveur de l'existence de l'absent dans les deux premières périodes. Or, nous ne
croyons pas que l'on puisse trouver dans les dispositions du Code une présomption d'après laquelle l'absent serait, à un moment donné, réputé mort plutôt
que vivant ou vivant plutôt que mort, et d'où il faudrait tirer des conséquences juridiques.

La tradition de notre ancien droit était en ce sens.
On lit, en effet, dans Pothier (1) : « Jusqu'à ce que
le temps de cent ans se soit écoulé depuis la naissance d'un absent, il n'est ni présumé vivre, ni pré-

____

(1) Introduct. au titre XVII, cout. d'Orléans, n° 7 ; édit. Bugnet,
t. Ier p, 485.

sumé mort ; et c'est à ceux qui ont intérêt qu'il
soit vivant, à prouver sa vie, comme c'est à ceux
qui ont intérêt qu'il soit mort, à prouver sa mort. »
La même idée apparaît dans les travaux préparatoires : « L'absent n'étant réputé ni mort ni vivant,
dit Portalis (1), il en résulte qu'on est obligé de
prouver la mort ou la vie de l'absent, suivant que
l'action qu'on exerce est fondée sur l'hypothèse de
son existence ou de sa non-existence. » Tronchet
reproduit à peu près les mêmes termes (2).

Le texte de la loi lui-même résiste à toute interprétation dans un sens ou dans l'autre. L'absent
n'est pas réputé vivant, au cas de présomption d'absence comme au cas d'envoi en possession provisoire, car l'article 135 le qualifie d'individu dont
l'existence n'est pas reconnue ; il n'est pas non plus
réputé mort, car, si cela était, la loi ne se bornerait
pas à prescrire des mesures conservatoires dans un
cas, ou à donner l'envoi en possession provisoire de
ses biens à des dépositaires obligés de donner caution, dans l'autre cas.

Que reste-t-il donc? L'incertitude. L'absent n'est
légalement réputé ni vivant ni mort, comme le dit
fort bien la cour de cassation dans un récent arrêt
(29 janvier 1879, Sir., 79, 1, 159), et quiconque
prétend exercer un droit dépendant de l'existence

(1) Locré, *Législ. civ.*, t. IV, p. 73.
(2) *Eod.*, p. 40 et p. 98, 99.

ou du décès de l'absent, doit faire la preuve de son existence ou de sa mort, d'après la règle générale de l'article 1315, reproduite, au reste, par l'article 135 au titre *de l'Absence.*

127. — Tels sont, suivant nous, les vrais principes de la matière. Nous les appliquerons ici sans réserve. Il en résulte que les conventions faites sur la succession d'un absent ne peuvent pas être amenées à exécution si une partie s'y oppose, parce que la mort du *de cujus* n'est pas certaine ; et que si elles ont été exécutées, elles ne peuvent être arguées de nullité parce que l'existence actuelle n'est pas démontrée.

Des auteurs éminents s'inspirent des mêmes principes, mais sans les suivre dans toutes leurs conséquences. MM. Aubry et Rau (1) font, à ce sujet, entre la présomption et la déclaration d'absence une distinction que nous ne saurions approuver. D'après ces auteurs, pendant la présomption d'absence, les conventions faites entre les héritiers présomptifs de l'absent relativement à ses biens ne peuvent servir de fondement à une action *tant que-la mort de l'absent n'est pas prouvée,* mais les parties contractantes sont non recevables à en demander la nullité *si elles ne prouvent pas l'existence de l'absent.* Cette décision est conforme à la nôtre.

Après la déclaration d'absence, au contraire,

(1) T. IV, p. 318 et 319.

suivant MM. Aubry et Rau, ces conventions sont valables tant entre les parties contractantes qu'à l'égard des tiers, jusqu'à ce que la preuve ait été faite que l'absent n'est pas mort. Notre avis est différent : car pourquoi ne pas appliquer dans cette hypothèse les mêmes principes que dans la première? Les auteurs cités se basent sur ce motif que la déclaration d'absence donne lieu à l'ouverture présumée de la succession de l'absent. Ainsi parle également M. Demolombe (1) : « Il est très vrai, sans doute, que la succession n'est pas ouverte par l'absence, la succession véritable, la succession proprement dite. Mais l'absence déclarée n'en produit pas moins une situation qui se rapproche à beaucoup d'égards et de très près de la succession même. »

Nous ne suivrons pas ces auteurs sur ce terrain ; nous ne croyons pas que la loi ouvre la succession de l'absent, dont elle ne présume pas la mort ; elle prescrit seulement des mesures différentes, selon la durée de l'absence, à l'effet de concilier les intérêts de l'absent avec l'intérêt de ses héritiers présomptifs. Nous appliquerons donc purement et simplement le principe qui nous a servi de point de départ, en disant que tout se résout ici en une question de preuve : le demandeur est tenu d'établir tous les faits qu'il allègue à l'appui de sa demande.

(1) T. 2, nº 130.

Toutefois nous regardons une distinction comme essentielle. Il ne faut pas confondre un traité sur la succession de l'absent avec une convention que les envoyés en possession feraient clairement sur les effets utiles que leur a procurés la déclaration d'absence. Alors même que les envoyés en possession provisoire excéderaient les droits à eux concédés, le pacte ne serait pas un pacte sur succession future. Ils ont peut être commis un excès de pouvoirs ; mais par cela seul qu'ils ont agi comme envoyés en possession en vertu de la déclaration d'absence, ils échappent au reproche d'avoir traité sur l'hérédité d'un homme vivant.

128. — La jurisprudence de la Cour de cassation en cette matière a fréquemment varié. Elle a d'abord jugé que la règle qui prohibe les pactes sur succession future ne s'applique pas aux conventions conclues sur la succession d'une personne dont l'absence a été déclarée (cass., 3 août 1829, Sir. 29, 1, 339), ou même ne l'a jamais été (cass., 4 déc. 1822, Dal. *alphabét.*, v° Absent, n° 464). Mais la cour tranchait ici la question sans la résoudre, car elle ne motivait pas sa décision et par cela même elle lui enlevait toute autorité doctrinale.

On peut en dire autant d'un arrêt qui fût rendu le 26 déc. 1837 (Sir. 38, 1, 545). Il décidait qu'une transaction sur la succession d'une personne dont l'absence était déclarée, pouvait, à raison des circonstances dans lesquelles elle était intervenue et de celles qui l'avaient suivie, être maintenue par les tribunaux. L'arrêt se fondait ici sur des considérations de fait complètement indifférentes pour résoudre cette question de droit.

En 1841 s'opéra un changement notable dans la jurisprudence de la cour suprême. Elle cassa un arrêt de la cour de Bordeaux qui avait posé en principe que les stipulations relatives à la succession d'un absent, même non déclaré tel et alors qu'il n'était encore qu'en présomption d'absence, sont licites ; la cour de cassation, par un retour sur ses décisions antérieures, jugeait que la cession de ses droits dans la succession d'un présumé absent faite par un héritier de ce dernier, avant que l'envoi en possession provisoire ne pût être demandé, doit demeurer sans effet, comme constituant un pacte sur succession future, même après le temps voulu pour faire déclarer l'absence. Le décès de l'absent étant incertain, la cour décidait qu'on ne pouvait traiter sur sa succession (cass., 21 déc. 1841, Sir. 42, 1, 167). Cette décision est conforme au premier système que nous avons exposé au début de cette controverse, elle est donc sujette aux mêmes critiques.

Mais la cour ne tarda pas à revenir à ses premiers errements, en s'appuyant cette fois sur une base vraiment juridique. Par un arrêt du 17 janvier 1843, elle décida que, pour demander la nullité d'une

7

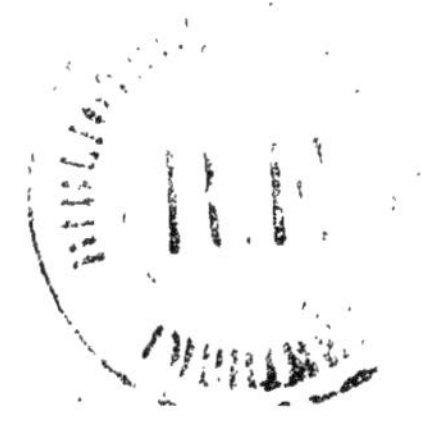

convention conclue sur la succession d'un individu dont l'absence n'a pas été déclarée, il faut établir que l'absent vivait au moment où la convention est intervenue (Sir. 43, 1, 146). Elle avait déjà décidé de même par un arrêt du 30 août 1826 (Sir 27, 1, 157), que la femme et la fille d'un présumé absent qui ont vendu, la première comme sa veuve, la seconde comme son héritière, la part à lui appartenant dans plusieurs communautés, ne peuvent demander la nullité de la vente qu'à la condition de prouver l'existence de l'absent au moment du contrat. Les mêmes principes ressortent encore plus nettement dans la dernière décision rendue sur la question, le 14 août 1871. La cour suprême rejette l'action en nullité d'un partage des biens d'un présumé absent fait par les héritiers présomptifs de ce dernier, en se fondant sur ce motif que le demandeur doit prouver les faits qu'il allègue à l'appui de sa demande : comme l'absent en droit n'est réputé ni mort ni vivant, c'est à celui qui attaque la convention à établir l'existence de l'absent au jour où la convention a été conclue (1).

129. — Ces derniers arrêts nous semblent tout-à-fait conformes à la loi. Ils s'harmonisent parfaitement avec notre système, que nous pouvons formuler de la manière suivante, pour résumer tout le débat : les traités passés sur la succession d'un

____

(1) V. Dal. 71, 1, 193 et la note de M. Garsonnet.

absent ne sont *à priori* ni nuls ni valables, ils ne sont pas obligatoires si la mort du *de cujus* n'est pas démontrée par le demandeur ; ils ne sont pas annulables après exécution si le demandeur en nullité ou en restitution ne prouve pas l'existence actuelle de l'absent.

Quant aux conventions conclues par les envoyés en possession *comme tels*, elles ne doivent pas être assimilées à des pactes sur succession future, soit qu'elles aient pour objet un partage ou une cession à des tiers. Elles ne tombent pas sous le coup de l'article 1130.

En vain objecterait-on contre ce système l'intérêt de l'absent, qui perdrait ainsi, dit-on (1), les garanties que la loi a voulu lui donner dans la qualité des personnes appelées par elle à l'administration de ses biens. Sans doute, les héritiers présomptifs de l'absent peuvent céder leur part dans sa succession ; mais les intérêts de ce dernier sont ménagés par la loi, qui lui réserve tous ses droits en cas de retour.

Opposerait-on l'immoralité des conventions sur succession future ? Mais cette considération morale, ici très affaiblie à raison de l'incertitude qui règne sur la vie de l'absent, doit se combiner avec un principe certain sur la preuve dans les procès, principe

____

(1) Larombière, *Obl.*, t. Iᵉʳ, art. 1130, nᵒ 28.

qui nous paraît décider définitivement la question en
notre sens.

130. — II. Les ascendants succèdent, à l'exclusion de tous autres, aux choses par eux données à
leurs enfants ou descendants décédés sans postérité
(art. 747). Ce droit de retour légal constitue un droit
successif, comme le montrent les termes mêmes de
la loi. « *Les ascendants succèdent.* » Le retour successoral tire son origine du droit romain, où le père
de famille reprenait la dot constituée à sa fille mourant *in matrimonio*. Il exerçait ce droit à titre de
propriétaire ; mais le code a suivi sur ce point les
traditions du droit coutumier, qui considérait le
droit de l'ascendant donateur comme un droit de
succession. L'article 747 reproduit, en effet, l'article
313 de la coutume de Paris et sa place dans le titre
des *Successions* ne permet guère de douter qu'il ne
s'agisse d'un droit héréditaire. Tout traité sur ce
droit de retour constitue donc un pacte sur succession future. La même solution s'applique aux
deux autres cas de succession anormale prévus, l'un
par les articles 351 et 352, au profit de l'adoptant et
de ses descendants, l'autre par l'article 766, au profit des frères et sœurs légitimes d'un enfant naturel.

Mais il en est différemment du droit de retour
conventionnel, autorisé par l'article 951 ; parce que
le donateur n'en recueille pas le bénéfice en vertu
d'un titre héréditaire, mais seulement en vertu d'une

convention ; il peut donc renoncer à son droit de retour soit expressément, soit tacitement (1). « Parmi les cas de renonciation tacite, un des plus remarquables est celui qui résulte du concours du donateur à la vente du bien donné consentie par le donataire, la participation du donateur à l'acte de vente ne peut guère s'expliquer autrement qu'en lui prêtant l'intention de renoncer à son droit de retour. » (2)

131. — III. Le substitué peut-il, du vivant du grevé, traiter sur les biens compris dans la substitution ? Nous le croyons, parce que l'appelé n'est pas l'héritier du grevé, il ne fait donc pas un pacte sur succession future. Les biens sur lesquels il traite lui viennent du disposant ; sans doute il a sur eux des droits soumis à la condition de sa survie au grevé, mais ce sont des biens présents, sur lesquels il est licite de contracter (3). Tel était l'avis de Pothier : « Il ne faut pas confondre avec une succession future, nous dit-il (4), la substitution ou le fidéicommis des biens d'un défunt qui me les a laissés à la charge de les rendre à quelqu'un après sa mort. Cette substitution ou fidéicommis n'est pas une succession future... c'est une simple dette dont je suis tenu après ma mort

(1) Cass., 19 janv. 1836. Sir., 36, 1, 518. Aubry et Rau, t. VII, p, 373 4ᵉ édit. Demol. *Donat.*, t. III, nᵘ 518. Notons cependant que s'il est ascendant du donataire, il conservera, malgré sa renonciation, son droit au retour légal établi en sa faveur par l'art. 747, droit qui est d'ailleurs beaucoup moins étendu que le premier et notamment ne le met pas à l'abri des aliénations du donataire.

(2) Baudry-Lacantinerie, t. II, n° 482.

(3) Aubry et Rau, t. VII, p. 353.

(4) *Obl.*, n° 132.

envers ceux qui sont appelés à la substitution et dont ils peuvent traiter de mon vivant, soit avec moi, soit entre eux. »

132. — Certains auteurs (1) enseignent cependant qu'il faut déclarer entièrement nul tout traité fait par l'appelé sur les biens compris dans la substitution. « Nos substitutions ne sont, en effet, dit M. Demolombe *(loc. cit)*, que des auxiliaires, pour ainsi dire, du régime des successions légitimes ; et si le législateur les a autorisées, c'est afin d'assurer plus efficacement la transmission héréditaire dans certains cas où elle aurait pu être compromise ; car les appelés sont toujours, dans notre droit nouveau, les enfants du grevé, à la différence de notre ancien droit qui n'exigeait pas qu'il y eut une relation de famille entre le grevé et l'appelé. Or, la substitution établie sur une telle base, peut être à certains égards considérée elle-même comme formant au profit de l'appelé, un droit dans la succession du grevé. Donc les articles 791, 1130 et 1600, qui défendent tout pacte sur les droits éventuels que l'on peut avoir à une succession non ouverte, sont alors applicables. »

On ajoute que la renonciation des appelés est contraire au but essentiel que le législateur de notre Code s'est proposé en permettant les substitutions dans certains cas seulement. Celles-ci, en effet, sont

(1) Demolombe, t. XXII, n° 598 et suiv. Colmet de Santerre, t. IV, n° 211 bis, III.

destinées dans notre droit moderne à protéger le patrimoine de la famille contre l'imprévoyance ou la dissipation de celui qui est chargé d'administrer ce patrimoine. Dès lors, autoriser l'appelé à renoncer à ses droits, ce serait dégager imprudemment le grevé des liens auxquels on avait jugé bon de l'assujettir ; on doit, d'ailleurs toujours redouter les abus d'influence de ce dernier sur les appelés, qui sont le plus souvent ses enfants.

Toutes ces considérations ne manquent certainement pas de valeur rationnelle et il serait à souhaiter que le législateur les eût fait passer dans le domaine du Code ; mais elles ont beaucoup moins de valeur juridique, car elles viennent se heurter contre le principe que l'appelé peut recueillir la substitution en renonçant à la succession du grevé : en disposant des biens compris dans la substitution, il ne traite donc pas sur une succession future et le contrat ne tombe pas sous le coup de l'article 1130.

133. — IV. Le donataire de biens à venir peut-il, du vivant du donateur, traiter sur le droit dont il est investi, le céder, y renoncer ? La plupart des auteurs admettent avec raison la négative, qui a pour elle l'ancien droit, le texte de la loi et les principes.

Dans l'ancien droit, en effet, l'institué contractuel ne pouvait ni céder son droit ni y renoncer (1). La tra-

---

(1) Lebrun, *Success.*, l. III, ch. II, n° 28 ; Chabrol, *Cout. d'Auvergne*, ch. XIV, art. 26, Sect. 7, tom. 2, p. 355.

dition a une très grande importance en ces matières, quand elle n'est pas contredite par le Code. Or, celui-ci, dans les divers articles qui établissent la prohibition des pactes sur succession future, emploie des termes dont la généralité vise aussi bien ceux qui ont pour objet une succession contractuelle ou testamentaire que ceux qui portent sur une succession *ab intestat*.

D'ailleurs, les cessions et renonciations consenties par un donataire de biens à venir sont tout aussi immorales que les autres ; de plus, elles sont contraires au principe de l'immutabilité des conventions matrimoniales.

134. — L'opinion adverse est cependant soutenue par des auteurs éminents (1). MM. Aubry et Rau, qui l'ont abandonnée dans leur dernière édition (t. VIII, p. 79), lui accordèrent pendant un temps tout le poids de leur autorité (2). Ils regardaient toutefois comme nulle la renonciation faite au profit soit des héritiers *ab intestat* de l'instituant, soit de ce dernier lui-même ; la première, parce que les héritiers, n'ayant intérêt à accepter la renonciation que dans la pensée de l'ouverture de l'hérédité, font ainsi une stipulation sur succession future ; l'autre, pour deux raisons : 1° l'instituant ne peut avoir d'intérêt à stipuler la révocation de l'institution con-

(1) Duvergier, *Vente*, I, 232.
(2) Aubry et Rau, 3ᵉ édit. t. VI, p. 264.

tractuelle, que pour faire maintenir, après sa mort, les dispositions entre-vifs ou testamentaires faites au mépris de cette institution ; or, toute stipulation faite en vue de cet intérêt d'outre-tombe, comme disent les savants auteurs, constitue nécessairement une stipulation sur succession future ; 2º l'institué, de son côté, en renonçant, s'interdit la faculté d'accepter encore la succession de l'instituant et fait ainsi une renonciation à succession future.

On ne saurait nier la parfaite justesse de ces motifs qui expliquent doublement la prohibition dans ces hypothèses ; mais pourquoi ne pas appliquer aussi l'article 1130 dans tous les autres cas ? pourquoi ne pas déclarer nulle la renonciation faite au profit d'un tiers ? C'est que, dit-on, le droit du donataire de biens à venir est irrévocable, il diffère par là des simples espérances d'un héritier présomptif.

Mais ce droit n'est-il pas un droit de succession, n'est-il pas éventuel quant à son ouverture, incertain quant à son objet ? on retrouve donc ici les mêmes raisons de prohiber la renonciation que dans toute autre hypothèse. D'ailleurs, le droit d'un héritier réservataire n'est pas moins certain que celui de l'héritier contractuel et cependant il ne lui est pas permis d'y renoncer.

135. — La jurisprudence suit généralement le système que nous avons adopté (1). En vertu de ces

(1) Toulouse, 15 avril 1842, Sir., 42, 2, 385. Caen, 23 mai 1861, Sir., 62, 2, 497.

principes, elle a déclaré nulle la renonciation faite par les époux pendant leur mariage à la donation contractuelle et réciproque qu'ils s'étaient faite, pour le cas de survie, de l'usufruit de tous les biens que laisserait le prémourant (Sir. 76, 2, 339). Cette décision n'est pas en contradiction avec celles que nous avons citées plus haut (n° 122) et d'après lesquelles la femme pourrait valablement disposer de ses gains de survie. En matière de gains de survie, il faut faire une distinction fondamentale, que la jurisprudence, sans la formuler d'une manière expresse, suit dans l'application : s'agit-il d'un gain de survie consistant en une somme fixe ou en certains biens présents, l'époux donataire peut y renoncer du vivant de son conjoint pour les motifs que nous avons exposés plus haut. Mais si le gain de survie consiste dans une quotité de biens que le donateur laissera à son décès, s'il résulte d'une donation de biens à venir; les traités faits sur ce gain de survie tombent sous le coup de la prohibition de l'article 1130.

136. — Les principes que nous venons de poser nous conduisent à décider qu'en cas de *donation cumulative de biens présents et à venir*, le donataire ne peut valablement disposer des biens présents compris dans la donation. Il faut, en effet, appliquer à cette espèce de donation les mêmes règles qu'à la donation de biens à venir pure et simple, parce que

la donation cumulative de biens présents et à venir
n'est qu'une variété de l'institution contractuelle.
Nous avons vu, dans notre étude sur l'ancien droit,
que ce caractère résultait des dispositions de l'ordonnance de 1731. Le Code civil n'a pas apporté de
changement à ces principes, il emploie les mêmes
termes que l'ordonnance dans ses dispositions des
articles 1084 et 1085. Il en résulte que la donation
cumulative de biens présents et à venir n'est pas la
réunion dans un seul acte de deux donations distinctes, l'une de biens présents, l'autre de biens à venir ;
que jusqu'à la mort du disposant, le donataire n'est
saisi de rien et que, n'ayant aucun droit sur les biens
du donateur du vivant de celui-ci, il ne peut pas plus
disposer des biens présents que des biens à venir.
Sans doute, on conçoit la possibilité pour un donateur de réunir dans un même contrat de mariage ces
deux libéralités permises, dont chacune serait assu-
jettie à ses conditions et à ses règles particulières ;
mais tel n'est pas l'objet des articles 1084 et 1085,
car autrement ils seraient inutiles et, de plus, l'on ne
comprendrait pas pourquoi ils soumettraient à la
rédaction d'un *état des dettes* le droit de séparer deux
donations que le disposant a voulu faire distinctes
sans qu'aucun principe s'y opposât. Enfin, l'article
1089, en subordonnant la donation cumulative de
biens présents et à venir à la condition de survie du
donataire, prouve bien qu'elle constitue une donation

unique ; car la condition de survie ne saurait être exigée pour la partie de la donation comprenant les biens présents, si l'acte devait se décomposer en deux libéralités. Il est donc bien certain que la donation cumulative de biens présents et à venir n'est qu'une donation de biens à venir (1), à laquelle est adjointe seulement la faculté accordée au donataire, lors du décès du donateur, d'opter pour le patrimoine de ce dernier dans l'état où il se trouvait au moment de la donation ; et comme le donataire ne peut pas disposer des biens à venir du vivant du donateur, il ne peut pas non plus disposer des biens présents ; une pareille aliénation devrait être déclarée nulle.

M. Bonnet (2) croit cependant qu'elle deviendrait valable si, par l'effet de l'option du donataire après la mort du donateur, la disposition se trouvait n'avoir jamais été qu'une donation entre-vifs. Mais nous avons peine à considérer son opinion comme bonne : un acte radicalement nul dès le début ne saurait devenir valable par la suite (3).

137. — V. La condition de renoncer à une succession non ouverte, mise à une donation ou à un legs, est-elle licite ?

La rigueur des principes nous semble imposer ici une solution négative. L'article 791 interdit les renon-

---

(1) Voy. cependant *en sens contraire*, Delvincourt, t. II, p. 106.
(2) *Disposit. par contrat de mariage*, t. II, n° 526.
(3) Voy. les développements que nous donnons à cette idée dans notre chapitre III.

ciations à succession future ; toute condition qui impose une renonciation de ce genre doit être déclarée nulle. Certains auteurs distinguent cependant deux cas qu'ils résolvent différemment : si la condition est de renoncer actuellement, c'est-à-dire si la renonciation doit se faire au moment de la donation ou de l'ouverture du legs, ils considèrent la condition comme illicite ; ils la valident, au contraire, si la renonciation ne doit avoir lieu que *lorsque la succession s'ouvrira* (1) ; alors, disent-ils, on ne prend aucun engagement sur une succession future, on peut librement, au jour de l'ouverture de la succession, y renoncer ou bien l'accepter. La condition n'a ici d'autre objet que de forcer le gratifié à opter, une fois la succession ouverte, entre ses droits d'héritier et ceux qu'il tient de la libéralité et cette option n'a rien que de parfaitement légitime.

Mais ce raisonnement ne nous paraît pas rigoureusement exact. En effet, par cela seul que le donataire accepte la libéralité, il s'oblige à renoncer à la succession pour jouir du bénéfice de la donation ; il fait donc un pacte sur succession future qui rend la condition illicite (2).

On objecte cependant qu'une semblable condition

<hr>

(1) Troplong, *Donat.*, t. Iᵉʳ, nº 269. Cpr. Angers, 27 juill. 1827, Sir. 28, 2, 149 ; Grenoble, 7 janv. 1873, Sir. 73, 2, 129, et la note de M. Lyon-Caen.

(2) Laurent, t. XI, nº 455 ; Duranton, t. 8, nº 146. Cpr. Orléans, 20 mars 1852, Sir. 53, 2, 13.

est implicitement contenue, en vertu de l'article 843,
dans toute libéralité faite sans dispense de rapport
à un héritier présomptif. Mais, comme le dit très
justement M. Demolombe (1). « autre chose est l'obligation du rapport que le successible doit faire à la
succession du disposant, lorsqu'il accepte. Celui qui
fait une libéralité à son futur successible ne lui
impose pas, en effet, l'obligation de renoncer à la
succession, lorsqu'elle s'ouvrira ; il ne pourrait pas
la lui imposer ; *c'est la loi* elle-même surtout, qui,
au moment où la succession s'ouvre, ne lui permet
d'y venir qu'en rapportant ce qu'il a reçu, parce
qu'elle présume qu'il ne l'a reçu que comme une
avance sur sa part héréditaire. »

138 — Il faut donc appliquer ici rigoureusement
les articles 791 et 1130 et déclarer la condition illicite aussi bien dans un testament que dans une donation. MM. Aubry et Rau (2) ont cependant présenté
un système mixte d'après lequel la condition ne
serait illicite que quand elle est apposée à une donation ; elle serait valable dans un testament. Ils semblent croire que la prohibition des articles 791 et
1130 ne s'applique qu'aux stipulations convention-
nelles. Mais c'est en méconnaître la véritable portée,
qui est aussi générale que celle de l'article 6. Celui-
ci déclare que l'on ne peut déroger par des *conven-*

(1) T. XVIII, n° 277.
(2) T. VII, p. 293, § 692.

tions particulières, aux lois qui intéressent l'ordre public et les bonnes mœurs. Or, bien qu'il n'y soit question que de *conventions particulières*, tout le monde reconnaît que cet article est applicable aux testaments comme aux donations. Du reste, le légataire, en acceptant le legs à une époque où la succession n'est pas ouverte, s'oblige à y renoncer, il fait donc ainsi une véritable convention sur succession future, qui tombe sous le coup de l'article 791.

139. — La solution que nous avons admise aboutit à considérer la condition comme non écrite et à permettre à la personne gratifiée de prendre au sujet de la succession tel parti qui lui conviendra, tout en conservant le bénéfice de la donation. Il peut paraître regrettable que le donataire cumule ainsi la libéralité et l'émolument héréditaire, s'il accepte la succession, bien que la libéralité ne lui ait été faite que pour l'en écarter. Aussi M. Demolombe propose-t-il une restriction à la doctrine que nous avons soutenue. Il y a « lieu d'examiner, dit-il (1), le vrai caractère de la disposition, si elle constitue bien une libéralité sous condition, ou si elle ne constitue qu'une sorte de pacte aléatoire et de forfait ; dans ce dernier cas, le pacte tout entier devrait être déclaré nul, aux termes de l'article 791. » Cette distinction nous paraît très juste et nous l'approuvons

_____

(1) *Loco. cit.*

entièrement en faisant observer toutefois que l'application en sera très délicate.

140. — VI. Est-il permis de stipuler pour un seul ou quelques-uns seulement de ses héritiers? Ainsi un père de famille vend sa maison moyennant une somme de 100, peut-il convenir que l'acheteur paiera le prix à l'un de ses enfants, par exemple, à l'aîné, qui en profitera à l'exclusion de ses frères et sœurs ?

Pour soutenir la négative, on s'appuie avec raison sur l'article 1119 et l'on dit : la loi ayant elle-même réparti entre les héritiers les créances de la succession en proportion de la part héréditaire de chacun d'eux, si l'on attribue à un seul une créance tout entière, on stipule en sa faveur au-delà de sa vocation héréditaire ; or, au-delà de sa vocation héréditaire, un héritier n'est qu'un tiers pour qui l'article 1119 ne permet pas de stipuler.

Dans le système contraire, on objecte cependant que la stipulation faite pour l'un des héritiers est la condition d'une stipulation que le *de cujus* a faite pour lui-même, ce qui est permis par l'article 1121. A quoi l'on répond très justement qu'il n'y a pas ici une double stipulation ; il n'y en a, en réalité, qu'une seule dont le stipulant voudrait faire profiter l'un de ses héritiers contrairement à la loi. Les partisans de l'opinion adverse ajoutent, il est vrai, qu'il est permis au stipulant de donner la créance à l'un de ses héritiers ; pourquoi, disent-ils, ne pourrait-il pas le faire au moyen d'un contrat à titre onéreux ? Sans aucun doute, mais il faut que le contrat qui contient une libéralité déguisée soit valable comme contrat à titre onéreux ; or, il n'en est pas ainsi dans notre cas, puisque la stipulation est contraire à l'article 1119.

A toutes ces raisons que nous reproduisons ici avec les auteurs, nous en ajouterons une autre qui ne nous paraît pas sans force pour faire repousser le système contraire et qui nous a permis de placer ici l'étude de cette question : la stipulation pour un seul de ses héritiers est nulle comme pacte sur succession future (1) ; car le stipulant traite sur ses biens à venir, il dispose d'une créance qui doit se trouver dans sa future succession ; la stipulation tombe donc sous le coup de l'article 1130.

141. — Nous croyons qu'il faudrait résoudre suivant les mêmes principes la question de savoir si l'on peut promettre pour un seul de ses héritiers.

Une semblable promesse constitue, en effet, un pacte sur succession future au même titre que la stipulation ; le promettant y règle par un contrat le sort de sa succession. De plus, les héritiers ne succèdent aux obligations de leur auteur que pour leur part héréditaire, obliger l'un d'eux pour le tout, c'est l'obliger comme tiers en tant que son obligation

____

(1) Cpr. Laurent, t. XVI, n° 9 ; Baudry-Lacantinerie, t. II, p. 561.

dépasse sa vocation héréditaire, contrairement à l'article 1119.

On objecte (1), il est vrai, qu'aux termes de l'article 1221, 4°, un des héritiers peut être « *chargé seul, par le titre, de l'exécution de l'obligation* ». Mais ce texte, dans sa partie finale, lui donne recours contre ses cohéritiers ; il permet donc seulement de charger l'un de ses héritiers du *paiement* de la dette, mais il n'autorise pas à promettre que cet héritier en supportera définitivement tout le poids. Du reste, le système de la loi s'explique très bien : on conçoit, en effet, qu'il puisse être très utile, au point de vue pratique, de charger un seul de ses héritiers du *paiement* de la dette entière ; mais l'on n'aperçoit pas aussi bien l'intérêt d'une clause qui lui en ferait supporter définitivement tout le poids, au mépris du principe de la division des dettes entre les héritiers.

142. — VII. Je crois par erreur qu'une personne est décédée et je contracte sur sa succession que je considère comme ouverte. Il n'y a pas là de pacte sur succession future, parce que je ne traite pas en prévision de l'ouverture d'une succession ; le contrat est cependant nul faute d'objet, car l'hérédité d'une personne vivante n'existe pas, au moins comme chose présente et c'est ainsi que je l'ai envisagée en contractant. Nous avons signalé une solution identique en droit romain.

(1) Douai, 2 févr. 1850, Dal., 51, 2, 133.

Si, à l'inverse, on traite sur la succession d'une personne décédée, en la considérant par erreur comme encore vivante, un pareil contrat est nul. Sans doute, en fait il n'y a pas convention sur succession future, puisque la succession est ouverte ; mais le vice qui atteint le contrat réside dans l'intention des parties, qui ont voulu faire une convention prohibée. L'erreur des parties doit produire ici et très justement les mêmes effets que la réalité.

143. — VIII. Que doit-on décider d'une convention antérieure au décès, dont on a laissé la date en blanc et que l'on a remplie immédiatement après le décès ? Il a été jugé (1) avec raison que c'est un pacte sur succession future. En effet, la date et l'écrit importent peu, devant la preuve que la convention était antérieure au mariage. Ce qu'il faut envisager ici, c'est le moment où le contrat se forme par l'accord des volontés. L'apposition de la date n'exige plus le concours des contractants, elle peut être faite par un seul d'entre eux et n'est pas constitutive du contrat.

(1) Paris, 4 février 1863. Dal., 63, 2, 45.

CHAPITRE III.

DE LA NATURE ET DES EFFETS DE LA NULLITÉ DES PACTES SUR SUCCESSION FUTURE.

§ 1ᵉʳ —Nature de la nullité

144. — Les conventions sur succession future sont radicalement nulles, inexistantes, comme toutes celles qui violent une prescription ou une prohibition légale fondée sur des motifs d'ordre public. Les auteurs même, qui font principalement reposer la prohibition de ces pactes sur un motif de lésion, reconnaissent ce caractère à la nullité qui en découle. « Il suffit qu'avec le vice de lésion concourre le vice de cause ou d'objet illicite », dit M. Larombière (1).

De là résultent les conséquences suivantes :

1° Toute personne intéressée peut attaquer les conventions sur succession future.

2° Ces conventions ne sont pas susceptibles de ratification. Lorsqu'un contrat est simplement annulable, le vice qui l'infecte peut être purgé par une

----

(1) *Obl.*, t. 1ᵉʳ, art. 1130, nᵒ 33.

confirmation, qui a pour objet essentiel de réparer ses irrégularités ; mais quand un contrat n'existe pas, il ne peut pas être question de réparer ses irrégularités.

3° La nullité radicale de ces conventions ne peut pas se couvrir par la prescription. En effet, tout d'abord, on ne saurait appliquer ici la prescription de l'article 1304, car elle est fondée sur une idée de confirmation tacite et l'on ne conçoit pas la possibilité de la confirmation d'un contrat inexistant, ainsi que nous venons de le voir (1).

On doit aussi repousser la prescription de trente ans. L'article 1131 dit qu'une obligation sur cause illicite ne peut produire aucun effet ; elle ne peut donc jamais devenir valable par quelque laps de temps que ce soit. Sans doute, si j'ai exécuté la convention ; si, par exemple, j'ai payé le prix de la renonciation à une succession future, je ne pourrai plus le répéter après trente ans ; de même, je ne pourrai plus revendiquer les choses livrées en exécution du contrat. Mais cela ne provient pas de ce que le pacte nul au début, est maintenant valable ; car le prétendu

____

(1) Cependant la cour de cassation a appliqué l'article 1304 à un cas de renonciation faite par un enfant à la succession non ouverte de son père (Dal. *alphabét.*, v°. *Success.* n° 622, 2°). Toullier, (VII, § 99) et Duvergier (*Vente* t. 1er, 230) soutiennent le même système, sous prétexte que les expressions de l'article 1304 sont générales et ne distinguent pas si la nullité est absolue ou relative. Mais on est d'accord aujourd'hui pour repousser ce système qui a le tort de confondre les conventions annulables avec les conventions inexistantes. Cpr. Troplong, *Vente*, t. 1er, n° 249 ; Larombière, *Obl.*, t. 5, art. 1304, n° 56.

créancier ne pourrait pas exiger son paiement, si je n'avais pas exécuté la convention. Il repousse mon action en répétition simplement par ce motif (1) que toute action se prescrit par trente ans. Au cas de revendication, il prétend seulement qu'il est propriétaire parce qu'il a possédé pendant trente ans ; il pourrait aussi m'opposer la prescription de dix ou vingt ans s'il était de bonne foi, c'est-à-dire si, au moment du pacte, il ignorait qu'il traitait sur une succession future.

145. — Les conclusions que nous avons tirées de l'inexistence des pactes sur succession future sont d'une logique rigoureuse. Cependant elles ne sont pas entièrement suivies par tous les auteurs. Quelques-uns (2) pensent que les pactes sur succession future peuvent être confirmés après que la succession est ouverte : alors la cause qui les rendait illicites a disparu, disent-ils, une succession ouverte peut être répudiée et faire l'objet de toute espèce de conventions. Cette opinion est tout-à-fait contraire aux principes. Quand il s'agit d'un acte simplement imparfait, la confirmation efface le vice qui l'infecte et rétroagit au jour où il a été passé, en faisant revivre l'ancienne obligation ; si le pacte sur succession future pouvait être confirmé, il en résulterait qu'il y aurait eu une convention sur une succession du

<hr>

(1) Il règne une certaine confusion dans les arrêts ; voy. Montpellier, 3 juin 1830, Dall., v° *Succ.* n° 621, 5°.

(2) Larombière, *Obl.*, t. 6, art. 1338, n° 20.

vivant du *de cujus* (1). Toute ratification est donc impossible ; seulement, après le décès du *de cujus*, les parties peuvent très bien faire un nouveau contrat, ayant un objet licite cette fois ; mais c'est là un hommage au principe de la nullité radicale.

§ 2 — Effets de la nullité

146. — La nullité du pacte sur succession future a pour effet de rendre nulles aussi les garanties que les contractants auraient pu stipuler pour le cas d'inexécution. Il ne faudrait pas motiver cette décision uniquement sur l'adage que l'accessoire suit la condition du principal (2), car, si ce principe trouve son application dans l'article 1227, aux termes duquel la nullité de l'obligation principale entraîne celle de la clause pénale, il n'est pas sans exception : quelquefois, en effet, la stipulation d'une garantie ou d'une peine rend valable une obligation principale qui, par elle seule, serait nulle (art. 1120). La vraie raison de décider ici, c'est que la nullité est d'ordre public et que l'ordre public s'oppose à ce qu'une convention immorale produise son effet par la stipulation d'une garantie.

(1) Aix, 2 juin 1840, Dall. *Alphabét.*, V° *Succ.*, n° 621, 6°. Voy. aussi un récent arrêt de cass. (13 mai 1884, Sir. 84, 1, 336), qui fait application de ces principes à une espèce fort délicate. M. Labbé analyse cette décision dans un article de la *Revue critique*, 1885, p. 362 et s.

(2) Voy. arrêt, ainsi motivé, de Montpellier, 4 août 1832, Dal., V° *Succ.* n° 615.

147. — Il peut arriver que des personnes fassent
en un même acte une convention portant tout ensemble sur une succession échue et sur une succession
non ouverte : ainsi des enfants traitent souvent sur
la succession *échue* de leur père ou de leur mère
prédécédés et sur la succession future du survivant
tout à la fois. La convention sera-t-elle nulle pour
le tout ? ou bien seulement en ce qui touche la succession non ouverte ?

S'il s'agit d'une vente et qu'un prix spécial soit
affecté à chacune des successions, on applique le
principe : *utile per inutile non vitiatur* et l'on divise
la convention en deux parties, l'une radicalement
nulle, l'autre valable. Si la convention est faite pour
un prix unique, la jurisprudence l'annule le plus
souvent pour le tout, sous prétexte qu'elle est indi-
visible (1). Mais on ne voit pas en quoi consiste
cette indivisibilité. Il y a ici vente de deux choses
distinctes : une succession ouverte qui peut être vendue et une succession future sur laquelle on ne peut
faire aucune espèce de convention ; pourquoi ne
pourrait-on pas détacher la vente de la première
succession de celle de la seconde ? Parce qu'elles
sont faites par un seul et même acte ? Mais l'existence des conventions est, en règle générale, indépendante des écrits qui les constatent. Parce qu'elles

(1) Limoges, 18 févr. 1828, Dall., *Succ.* n° 615 ; Toulouse 27 août 1833,
Dal., *Obl.,* n° 454,1°.

ont un prix unique ? Mais en quoi ces deux idées :
l'indivisibilité et le prix unique se commandent-elles ?
La jurisprudence elle-même ne va-t-elle pas contre
son principe en admettant la divisibilité quand il est
possible de diviser le prix (1). De l'unité du prix
résulte seulement la nécessité d'une ventilation,
pour déterminer la partie du prix total qui doit
s'appliquer à la vente valable. Sans doute, on se
heurte parfois à des difficulté pratiques sérieuses, en
faisant cette ventilation ; mais ce n'est pas là un motif
suffisant pour décider comme la jurisprudence. Il
faut donc reconnaître que la convention portant à la
fois sur une succession ouverte et sur une succession future est valable en tant qu'elle a pour objet
la succession échue, à moins toutefois qu'il ne
résulte des circonstances que les parties ont entendu
au moment du contrat que leur convention serait
valable pour le tout ou nulle pour le tout (2).

148. — Au point de vue des effets de la nullité
que nous étudions, il est fort important de ne pas
confondre la vente d'une succession future avec la
vente de la chose d'autrui. Elles sont essentiellement
différentes. La vente d'une succession future n'est
pas l'espèce dont la vente de la chose d'autrui serait
le genre, comme le dit M. Troplong (3). Traiter sur
une succession future, ce n'est pas traiter sur la

(1) Cass., 9 févr. 1880, Dal., *Transact*, n° 162. Laurent, t. XVI, n° 86.
(2) Cf. Larombière, *Obl.*, t. Ier art. 1130, n° 32.
(3) *Vente*, t. 1er n° 247. V. aussi Larombière, *loco cit.*, n° 24.

chose d'autrui. Vendre la chose d'autrui, c'est traiter sur un droit qu'on n'a pas ; au contraire, vendre une succession future, c'est vendre les droits qu'on a sur cette succession en qualité d'héritier, c'est aliéner les droits éventuels qu'on a sur des biens à venir ; l'héritier présomptif qui vend ses espérances successorales ne vend pas la chose d'autrui, il vend sa propre chose. Ce qui distingue nettement la vente d'une succession future de la vente de la chose d'autrui, c'est la manifestation de prétentions héréditaires. Si en traitant sur une chose dépendant d'une succession future je ne contracte pas expressément dans la prévision de l'ouverture de cette succession ni en ma qualité d'héritier présomptif, je ne fais pas le pacte prohibé par l'article 1130, je vends la chose d'autrui.

149. — Dans le cas de pacte sur succession future, précisément à cause de la manifestation de prétentions héréditaires, il est bien difficile de supposer chez les parties autre chose que de la mauvaise foi. L'acquéreur ne pourra donc pas faire les fruits siens, obtenir des dommages et intérêts, prescrire par dix ou vingt ans.

En cas de vente de la chose d'autrui, au contraire l'acquéreur de bonne foi peut faire les fruits siens, obtenir contre son vendeur des dommages et intérêts, prescrire contre le véritable propriétaire par dix ou vingt ans.

D'autre part et suivant l'opinion la plus répan-
due d'après laquelle la vente de la chose d'autrui
est simplement annulable, dans ce dernier cas, le
contrat peut être valablement ratifié par le véritable
propriétaire, l'acheteur a seul le droit d'en demander la nullité, s'il est de bonne foi ; son action se
prescrit, du reste, par dix ans, — toutes conséquences absolument différentes de celle de la nullité
des pactes sur succession future

CHAPITRE IV

EXCEPTIONS

150. — Le législateur a établi de nombreuses exceptions à la règle qui prohibe les pactes sur succession future.. L'objet de notre travail ne comporte pas l'étude détaillée de chacune d'elles ; nous devons cependant rechercher ici les motifs qui ont déterminé leur admission et fixer leur étendue, pour circonscrire exactement la portée de la prohibition.

151. — I. Aux termes de l'article 761, le père ou la mère d'un enfant naturel peuvent l'écarter de leur succession, en disposant de leur vivant en sa faveur de la moitié de ce qui lui est attribué par la loi, avec déclaration expresse que leur intention est de réduire l'enfant naturel à la portion qu'ils lui ont assignée. La loi consacre ici, croyons-nous, une dérogation aux articles 791 et 1130, car elle admet ainsi l'enfant naturel à renoncer par anticipation à ses droits dans la succession de ses père ou mère. Cependant tous les auteurs ne sont pas d'accórd sur ce point ; on discute, en effet, la question de savoir si les père et mère, pour réduire la part héréditaire de leur enfant naturel, ont besoin du consentement de cet enfant. Dans l'opinion de ceux qui soutiennent que le consentement de l'enfant naturel n'est pas nécessaire, l'article 761 ne consacre pas une exception au principe de l'article 1130.

152. — Ce système est celui de la jurisprudence et d'un parti considérable dans la doctrine (1). On prétend en trouver le fondement dans l'esprit de la loi, que l'on cherche à éclairer au moyen des travaux préparatoires et de certaines expressions du texte même de l'article 761. Le législateur, en donnant aux père et mère la faculté d'écarter l'enfant naturel de toute participation au partage de leur succession, a voulu, dit-on, éviter à la famille légitime le désagrément parfois vif des rapports avec un tel successible ; il a voulu aussi retenir l'enfant naturel dans le devoir par la crainte de la réduction. On a la preuve de ces intentions dans les discours prononcés sur l'article 761 à l'époque de la confection du code. — « Si pour la tranquillité et le repos de leur famille, dit le tribun Siméon, les père et mère ont eu soin d'acquitter, de leur vivant, leur dette envers leur enfant naturel, si, en la payant par anticipation, ils ont déclaré ne vouloir pas qu'il vînt, après eux,

____
(1) Douai, 27 fév. 1834, Sir. 34. 2, 393. Toulouse, 29 avril 1845, Sir. 46, 2, 49. Cass., 31 août 1847, Sir. 47, 1, 785. Toullier, t. IV, n° 262. Duranton, t. VI, n° 304. P. Pont, *Revue de législ.*, 1846, I, p. 88.

troubler leur succession, le code maintiendra cette disposition, lors même que ce don anticipé n'arriverait pas à la moitié de la créance ; mais si le don était resté au-dessous de la moitié, l'enfant pourrait réclamer le supplément.....

« Une pareille donation est utile et pour l'enfant naturel qu'elle fait jouir plus tôt et pour la famille qu'elle débarrasse d'un créancier odieux ; il est bon de la maintenir, mais sous la condition équitable qu'elle n'aura pas été excessivement lésine. » Chabot, dans son rapport au Tribunat, disait aussi qu' « il était convenable de laisser aux pères et mères cette faculté qui retiendrait les enfants dans les devoirs de la piété filiale. » (1) Ce droit des parents serait, dit-on, d'une portée bien faible, si l'enfant naturel pouvàit en empêcher l'exercice par son refus d'accepter la libéralité. D'ailleurs, le rapport de Siméon nous montre qu'il songe ici à un acte unilatéral de puissance paternelle et d'autorité domestique, il ne fait aucune allusion au consentement de l'enfant, il parle d'une *dette* des père et mère, il emploie les mots *déclaré, disposition*, qui s'appliquent à l'expression d'une volonté unique, indépendante de tout accord avec celle d'un autre. Enfin, le texte de l'article 761 reproduit le même mot de *déclaration* ; il dit simplement : toute réclamation est interdite aux enfants naturels, lors-

(1) Fenet, t. XII, p. 194 et 231.

qu'ils ont *reçu*; il ne se préoccupe pas de l'acceptation.

153. — Nous croyons cependant un pareil système trop en désaccord avec les principes pour y trouver la vraie pensée de la loi. En effet, ne consacre-t-on pas ainsi une acquisition de propriété entre-vifs en dehors des modes que le code a fixés et définis. Dans l'espèce nous voyons une donation, qui exige l'acceptation solennelle du donataire (art. 932), et nous nous demandons comment celui-ci pourrait acquérir sans son consentement. Aussi la doctrine que nous combattons éprouve-t-elle un grand embarras pour répondre à cette question : si l'enfant refuse de recevoir, comment la propriété lui sera-t-elle transmise ? Elle propose diverses solutions qui ne sont pas meilleures les unes que les autres. On a dit : les père et mère sont vis-à-vis de leur enfant naturel dans la situation de débiteurs vis-à-vis de leur créancier ; lorsque celui-ci refusera de recevoir paiement, ils feront des offres, le tribunal les déclarera valables et ordonnera les mesures nécessaires pour la conservation des biens offerts. Le tribun Siméon s'est, à la vérité, servi des mots de *créance* et de *dette* pour caractériser la situation respective des père et mère et de leurs enfants naturels ; mais ces expressions ne répondent pas à une réalité juridique : les enfants naturels ne sont pas plus que les autres, créanciers de leurs parents, ils ne sont, sans doute, pas des *héritiers* au sens strict du mot ; mais ils sont des *suc-*

cesseurs, d'après la loi elle-même. Or, il n'est pas possible d'agir avec des successeurs comme avec des créanciers, on ne peut pas les forcer à accepter ce qu'ils ne veulent pas recevoir.

Quelques auteurs (1), sans s'appuyer sur cette idée de créance et de dette, prétendent que la déclaration des tribunaux, que les offres du père sont valables, tiendra lieu de la donation. Mais n'est-ce pas tout-à-fait contraire à l'article 932, d'après lequel la donation, pour produire son effet, doit être acceptée en termes exprès.

On ajoute cependant que la limite fixée par le législateur à la réduction que les parents naturels pourraient imposer à leur enfant, est une preuve qu'il n'exige pas le consentement de celui-ci ; car si l'enfant devait être consulté, on aurait pu lui laisser le soin de ses intérêts. Nous ne croyons pas ce raisonnement juste et nous pensons, au contraire, que le législateur, en autorisant cette espèce de renonciation à la succession future du père ou de la mère, devait protéger l'enfant naturel contre son propre entraînement : d'une part, en effet, il est le plus souvent sans ressources et, d'autre part, la crainte révérentielle que peuvent lui inspirer ses parents est sujette à lui dicter un consentement peu réfléchi ; c'en est assez pour que le législateur détermine

____

(1) Duranton, t. VI, n° 305.

exactement l'étendue de la réduction qui peut s'accommoder avec son intérêt.

Toutes ces considérations nous paraissent confirmées par le texte de l'article 761, où le législateur reproduit le mot « *reçu* », qu'il avait employé dans l'article précédent. Il doit, sans doute, le prendre avec la même acception dans les deux cas, car les articles 760 et 761 règlent l'hypothèse où l'enfant naturel a reçu une libéralité de ses père et mère, avec cette seule différence que l'article 760 s'occupe du cas où les père et mère naturels voudraient, au moyen de cette libéralité augmenter la part de leur enfant, tandis que l'article 761 s'occupe du cas où ils voudraient, au contraire, la diminuer (1). Or, le mot « *reçu* » est synonyme d'*accepté* dans le premier cas, il ne peut pas signifier autre chose dans le second. L'expression de *déclaration* s'explique, d'ailleurs, tout naturellement dans notre système : les père et mère font donation à leur enfant naturel et dans le contrat ils manifestent leur volonté de réduire sa part héréditaire.

Enfin notre opinion n'est pas en désaccord avec le véritable esprit de l'article 761, tel qu'il résulte des travaux préparatoires. Remarquons, tout d'abord, que Siméon lui-même, dans le passage que nous avons cité, qualifie de *donation* l'opération autorisée par l'article 761 ; le même mot revient plusieurs fois

(1) Demolombe, t. XIV, n° 105.

sous sa plume dans son rapport. De plus, ce n'est pas seulement dans l'intérêt de la famille qu'a été autorisée la réduction de l'article 761 ; c'est aussi dans l'intérêt de l'enfant : nous avons vu à ce sujet les déclarations de l'orateur du Tribunat. La jouissance anticipée d'une certaine somme est pour l'enfant une compensation au sacrifice que la loi lui impose ; il est juste qu'il soit juge de son intérêt et qu'il puisse refuser la donation lorsqu'il estimera que la compensation est insuffisante.

D'ailleurs, le système contraire arriverait beaucoup plus difficilement au but principal que s'est proposé le législateur : écarter l'enfant naturel des opérations du partage. En effet, mécontent d'une réduction qui lui eût été imposée malgré lui, celui-ci n'aurait pas manqué d'user de la faculté de réclamer sous prétexte que ce qu'il a reçu de ses père ou mère n'équivaut pas à la moitié de ce qui doit lui revenir ; la famille légitime aurait donc presque toujours subi une présence fâcheuse, contrairement au vœu de la loi.

154. — II. L'article 918 (1) consacre une seconde exception à la règle qui interdit les pactes sur succcession future. « *La valeur en pleine propriété des biens aliénés, soit à charge de rente viagère, soit*

(1) Cet article soulève plusieurs questions étrangères à notre sujet, dans l'examen desquelles nous n'avons, par conséquent, pas à entrer. Il nous suffit de montrer ici comment et pourquoi il autorise un pacte sur succession future.

à fonds perdu, ou avec réserve d'usufruit, à l'un des successibles en ligne directe, sera imputée sur la portion disponible, nous dit cet article ; *et l'excédant, s'il y en a, sera rapporté à la masse. Cette imputation et ce rapport ne pourront être demandés par ceux des autres successibles en ligne directe qui auraient consenti à ces aliénations.....* »

La première partie de l'article a pour but d'empêcher qu'une personne n'arrive à avantager l'un de ses successibles en ligne directe au-delà des limites de la quotité disponible, en déguisant sa libéralité sous la forme d'une aliénation à charge de rente viagère ou avec réserve d'usufruit : cette disposition est écrite en faveur des héritiers réservataires et pour sauvegarder leurs droits. Mais ils peuvent donner leur consentement à l'aliénation, et montrer par là qu'ils considèrent l'acte comme sincère ; alors ils ne sont plus recevables à réclamer l'imputation et le rapport. La loi, qui permet cette renonciation tacite au droit d'attaquer l'aliénation, consacre ainsi un pacte sur succession future. Les successibles réservataires, qui ont consenti à l'aliénation, ne peuvent plus prétendre ensuite qu'elle renferme une véritable libéralité, sauf bien entendu la preuve que leur consentement a été vicié par dol, par violence ou par erreur.

Quant aux conditions de ce consentement, il est permis de croire, vu la généralité des termes de l'article 918, qu'il peut être donné moyennant une somme d'argent ou tout autre bien quelconque. Alors le pacte sur succession future est plus marqué, mais ce n'est pas une raison pour l'interdire puisque la loi est tout-à-fait générale (1).

155. — III. *Partage d'ascendant*. — Les articles 1075 et suivants, qui organisent le partage d'ascendant, contiennent une exception notable à notre principe.

Dans l'ancien droit, les ascendants pouvaient faire le partage de leurs biens entre leurs descendants soit au moyen d'un acte entre-vifs, appelé *démission de biens*, soit à cause de mort, au moyen du *partage d'ascendant proprement dit* : c'étaient là des actes privilégiés quant au fond et quant à la forme. Notre Code civil décide que ces partages pourront encore être faits par actes entre-vifs ou testamentaires, mais avec les formalités, conditions et règles prescrites pour les donations entre-vifs et les testaments (art. 1076). Il existe cependant des différences notables entre les donations entre-vifs et les testaments, d'une part, et les partages d'ascendants, d'autre part : ceux-ci produisent des effets remarquables inconnus aux libéralités ordinaires. Et d'abord, les ascendants peuvent comprendre dans le partage de leurs biens non seulement la quotité disponible, mais aussi la réserve de leurs descendants, contrairement aux

(1) Cpr. cass., 2 juin 1828, Dal., 1828, 1, 80.

principes généraux du droit sur la réserve qui ne peut pas être l'objet de la disposition de l'homme. De plus, garantie des lots, privilège des copartageants et causes spéciales de nullité ou de rescision, telles sont les conséquences attachées aux partages d'ascendants, qui n'accompagneraient pas une libéralité ordinaire.

Mais ce n'est pas tout. Fait par acte entre-vifs le partage d'ascendant constitue un véritable pacte sur succession future (1); il emporte, en effet, de la part des descendants, renonciation au droit de provoquer le partage de la succession de l'ascendant après sa mort et à celui de demander la réduction des libéralités dans certains cas où les inégalités de la distribution entameraient leur réserve (2); en effet, le partage d'ascendant ne peut être attaqué qu'en cas de lésion de plus du quart, à moins toutefois que la quotité disponible n'ait été donnée par préciput et hors part à un descendant qui reçoit encore dans le partage une part plus forte que ses cohéritiers (art. 1079.)

156. — Les articles 1075 et suivants consacrent donc une exception à la règle qui prohibe les pactes sur succession future. Ils font aux ascendants une situation privilégiée que l'on ne saurait étendre à d'autres sous peine de violer la maxime *exceptio est strictissimæ interpretationis*.

---

(1) Laurent, t, XV, p. 9. Cf. Saintespès Lescot, *Donat. et testam.* t. V, n° 1817.
(2) Lyon-Caen, *Thèse doct.*, Paris, 66, p. 162.

157. — IV. *Institution contractuelle.* — A l'exemple de l'ancien droit (1) et en considération de la faveur qui s'attache au mariage, la loi permet à toute personne de disposer, par contrat de mariage, de tout ou partie des biens qu'elle laissera à son décès, tant au profit des futurs époux qu'au profit des enfants et descendants à naître de leur union (Art. 1082 et suiv.). C'est l'exception la plus notable au principe de l'article 1130 (2). Il n'entre pas dans le cadre de notre travail d'étudier dans tous ses détails la réglementation de l'institution contractuelle : nous nous occupons de la prohibition des pactes sur succession future et dans ce chapitre nous essayons d'en fixer la portée en notant les exceptions qui la limitent. Nous devons donc seulement montrer qu'elle est l'étendue de l'exception des articles 1082 et suivants ; par là même nous tracerons la sphère d'application de l'article 1130.

______

(1) On est généralement d'accord pour reconnaître que le Code civil, sans conserver l'ancienne dénomination *d'institution contractuelle*, a conservé la chose elle-même qu'elle désignait. On a donné diverses raisons pour expliquer la disparition du terme ancien : suivant M. Eschbach (*Revue de législ.*, t. XI, p. 127), les rédacteurs du Code auraient craint « de froisser les idées nouvelles en inscrivant dans *leur* œuvre ce mot de féodale mémoire » ; suivant M. Demolombe (t. 23, n° 273), « ils n'auront pas voulu, par l'introduction d'un mot différent de la *donation entre-vifs* et du *testament*, briser l'unité et la simplicité de la classification fondamentale des modes de disposer qu'ils avaient admise (art. 893). » Cf. cependant en sens contraire, Marcadé, t. 4, n° 278 et 289.

(2) Les art. 1082 et suiv. dérogent aussi à la règle *donner et retenir ne vaut* et au principe de l'art. 906, d'après lequel il faut être conçu au moment de la donation, pour être capable de recevoir entre-vifs.

158. — Le principe qui nous guidera ici, c'est la maxime *exceptio est strictissimæ interpretationis* : les dispositions des articles 1082 et suivants ne doivent pas être étendues en dehors de leurs termes exprès. C'est pourquoi l'on devrait déclarer nulle toute institution contractuelle qui ne se ferait pas par contrat de mariage ou par un acte passé dans les formes déterminées par les articles 1396 et 1397 et se rapportant à un contrat de mariage antérieur (1).

Les premiers auteurs qui ont écrit sur le Code civil (2) décidaient cependant que l'institution contractuelle pouvait être faite par tout autre acte authentique, soit avant, soit après le contrat de mariage, ou même *s'il n'y avait pas de contrat de mariage*, pourvu qu'elle fût antérieure à la célébration du mariage lui-même ; « ce qui est conforme à la raison, dit Toullier ; car, dès qu'elle est antérieure au mariage, elle est censée en avoir été une condition. »

Grenier cite, en faveur de cette opinion, l'avis de Furgole qui, sous l'article 13 de l'ordonnance de 1731, enseigne que l'institution contractuelle est

____

(1) Il faut excepter toutefois la donation de biens à venir faite entre époux durant le mariage. Il résulte, en effet, des articles 947 et 1096 que les donations de biens à venir sont permises entre époux pendant le mariage, sauf à être absolument révocables.

(2) Merlin, *Répert.*, v° *Inst. contr.* § 3, II *in fine ; Questions de droit* v° *Remploi*, § IV, t. 12, p. 371. Toullier, t. V, n° 830. Favard. *Répert.*, V° *Inst. contr.*, n° 7 ; Grenier, *Donat.*, t. II, n° 426.

valablement faite dans un acte séparé du contrat de mariage. Mais il a quelque doute sur la valeur de sa solution puisqu'il conseille aux contractants d'éviter la difficulté, à moins d'obligation absolue. Furgole lui-même disait en propres termes, sous l'article 17 de la même ordonnance : « Cependant il est plus sûr de s'en tenir à la lettre du texte, qui ne parle que du contrat de mariage, et non des actes qui y ont rapport. »

Ces hésitations se comprennent à merveille et aujourd'hui les auteurs et la jurisprudence (1) sont unanimes pour repousser ce système que condamnent à la fois et le texte même de l'article 1082, lequel emploie seulement l'expression de *contrat de mariage*, et le principe d'interprétation rigoureuse qui est le seul admissible en cette matière exceptionnelle.

159. — Le même principe d'interprétation restrictive nous conduit à décider que l'institution contractuelle ne pourrait pas se faire au profit d'autres personnes que les futurs époux et leurs enfants. La même règle existait dans l'ancien droit ; mais on employait, comme nous l'avons vu, divers moyens détournés pour faire participer des étrangers, les frères et sœurs de l'époux donataire, par exemple, à la libéralité : on recourait notamment dans ce but à la *clause d'association* par laquelle l'instituant char-

(1) Nîmes, 8 janv. 1850, Sir. 50, 2, 91.

geait le futur époux d'associer des tiers au bénéfice
de l'institution.

160. — La *clause d'association* pourrait-elle encore
être efficacement stipulée? Merlin (1) a soutenu
qu'elle était encore valable sous le Code civil. Il invoque en faveur de son système l'article 1121 qui permet de stipuler au profit d'un tiers comme condition
d'une libéralité que l'on fait à un autre ; il voit dans
la clause d'association une disposition de ce genre.
Mais on lui répond victorieusement par la remarque
suivante : l'article 1121 peut certainement avoir
pour effet d'autoriser une disposition relative à des
biens présents, mais il ne saurait permettre celle qui
aurait pour objet des biens à venir en dehors des
cas exceptionnels où la loi limite la prohibition générale de traiter sur de pareils biens.

Merlin prétend, toutefois, que la clause d'association n'est pas une véritable institution contractuelle,
mais bien une donation à cause de mort. Cet argument ne vaut pas mieux que le premier et il est très
généralement repoussé par les auteurs (2) qui ne
croient pas la donation à cause de mort permise
depuis le Code civil (arg. art. 943, 893).

Il faut donc reconnaître la nullité d'une pareille
clause, car elle sert à faire indirectement ce que la

---

(1) *Répert.* vo *Inst. contract.* § 5, n° 9.
(2) Voy. Aubry et Rau, t. 7, § 644, note 1, et les autorités qu'ils
citent.

loi défend de faire directement. L'institution contractuelle n'est admise dans notre code qu'à l'état d'exception, on ne doit donc pas lui permettre de sortir
des limites qui lui ont été tracées.

161. — Ainsi encore nous déciderons que l'instituant ne pourrait s'interdire le droit de disposer
à titre onéreux des biens formant l'objet de l'institution contractuelle, parce que, les articles 1082 et suivants ayant réglé les effets de cette disposition exor-
bitante du droit commun, on ne doit rien pouvoir y
ajouter sans tomber sous le coup de la prohibition
générale des pactes sur succession future. Or, la
seule interdiction légale est celle d'aliéner à titre gratuit (art. 1083); on ne saurait l'étendre aux aliénations à titre onéreux.

M. Troplong prend cependant parti dans le sens
contraire à celui que nous indiquons. « L'instituant,
dit-il, (1) aurait pu donner sa chose irrévocablement ;
ou bien il aurait pu la donner en se réservant l'usufruit. Pourquoi lui serait-il défendu de s'engager
par une promesse qui le rapproche d'un *usufruitier* ?
On ne saurait voir dans tout ceci rien qui blesse
la morale, l'ordre public et les lois. Le véritable
mal serait de manquer à des conventions écrites
dans un contrat de mariage et formant la base de
l'union de deux familles. »

Nous croyons, au contraire, qu'il est de l'intérêt

(1) *Donat.*, t. IV, n° 2349

général que chacun conserve la libre disposition
de ses biens, mais ce n'est pas la seule raison qui
nous fait rejeter ce système. On nous dit que l'interdiction de disposer à titre onéreux a pour effet de
convertir la disposition en une donation entre-vifs de
la nue-propriété des biens présents et des biens
à venir (1).

Mais n'est-ce pas dénaturer la disposition ? N'est-ce
pas aller au-delà de la volonté du disposant ? Celui-
ci, en effet, n'a pas fait donation de *biens présents*,
il a fait donation de *biens à venir* et ne s'est, par conséquent, pas dessaisi de la nue-propriété de ces
biens : il a voulu s'interdire tout simplement la
faculté d'aliéner à titre onéreux, ce que la loi ne
lui permet pas.

Sans doute, dans les pays de droit écrit de notre
ancien droit, l'instituant ne pouvait pas aliéner à
titre onéreux les biens compris dans l'institution ;
mais le Code civil s'est inspiré des principes du droit
coutumier en cette matière ; les travaux préparatoires nous en fournissent la preuve ; on avait introduit
dans l'article du projet qui forme aujourd'hui l'article
1083 une disposition ainsi conçue : « le donateur
conserve jusqu'à sa mort la liberté entière de vendre
et d'hypothéquer, *à moins qu'il ne se la soit formelle-*

---

(1) Bonnet, *Disposit. par contrat de mar.* t. II, n° 422. Toulouse,
18 janv. 1820, Devil., 6, 2, 188. *Contra* : Riom, 4 déc. 1810, Sir., 13, 2,
348,

ment interdite en tout ou en partie. » Ces mots ont été supprimés dans la rédaction définitive ; ce n'est assurément pas sans intention.

Remarquons, en terminant, qu'il n'est pas impossible à un donateur de biens à venir de s'interdire le droit d'aliéner ses biens présents, il n'a qu'à les donner comme biens présents et s'en réserver l'usufruit. Mais s'il les donne comme biens à venir, comme biens qu'il laissera au jour de son décès, une pareille interdiction est nulle en vertu du principe général de l'article 1130.

162. — Pour les mêmes raisons nous croyons qu'on ne pourrait pas s'interdire le droit de disposer à titre gratuit dans la mesure permise par l'article 1083, c'est-à-dire pour sommes modiques, à titre de récompense ou autrement.

Mais, à l'inverse, nous pensons qu'on pourrait se réserver le droit de disposer à titre gratuit dans une mesure plus étendue : l'article 1086 autorise, en effet, le donateur à se réserver la libre disposition d'un effet compris dans la donation ou d'une somme fixe à prendre sur les biens donnés.

163. — Une dernière question nous reste à traiter sur la matière de l'institution contractuelle, celle de savoir si la promesse d'égalité est valable dans le silence du Code. La promesse d'égalité est une clause d'un contrat de mariage par laquelle des père et mère s'engagent, en mariant un de leurs enfants, à

lui laisser dans leur succession, une part égale à
celle des autres. Nous savons que cette clause était
fréquemment usitée dans l'ancien droit. La raison de
douter de sa validité sous l'empire du code, c'est
que la promesse d'égalité est un pacte sur succession
future. La loi prohibe toute convention de ce genre,
elle ne l'admet que par exception dans le contrat de
mariage, sous la forme d'une institution contractuelle. Or, la promesse d'égalité n'est pas absolument
identique à l'institution contractuelle. Celle-ci assure
simplement à l'institué la qualité d'héritier pour la
part fixée au contrat et l'instituant demeure libre de
disposer du surplus de son disponible en avanta-
geant l'un de ses enfants par une libéralité précipu-
taire ; la promesse d'égalité va plus loin, elle implique renonciation au droit de disposer du surplus du
disponible au détriment de l'égalité promise. Les
deux clauses ne sont donc pas identiques ; comme
la tolérance de la loi ne doit pas être étendue d'un cas
à l'autre, ne faut-il pas en conclure que la promesse
d'égalité n'est pas valable ? (1).

164. — Malgré ces motifs de douter, la jurisprudence et la doctrine s'accordent à reconnaître la validité de cette clause ? M. Laurent donne excellemment
les raisons de décider en ce sens. C'est que l'institution contractuelle implique comme la promesse d'é-
galité une renonciation à la faculté de disposer de la

____

(1) Dal., *Alphabét.*, v° *Disposit. entre-vifs*, n° 1994.

quotité disponible. « Quand un père, dit le savant jurisconsulte (1), institue l'un de ses deux enfants pour la moitié des biens qu'il laissera à son décès et qu'il institue le second pour l'autre moitié, il se dépouille du droit de disposer à titre gratuit, sauf dans les limites restreintes de l'article 1083. Toute institution contractuelle contient une renonciation de disposer à titre gratuit au préjudice de l'institué. Si cette renonciation peut se faire sous forme d'institution d'héritier, pourquoi ne pourrait-elle pas se faire sous forme de promesse d'égalité? Il n'y a pas de formule sacramentelle pour l'institution d'un héritier par contrat, l'institution peut être modifiée par les parties contractantes, eh bien, la promesse d'égalité est une de ces modifications. Le père n'institue pas directement l'enfant à qui il fait cette promesse ; en apparence, il ne lui donne rien ; en réalité, en s'interdisant la faculté de donner le disponible à son préjudice, il lui assure sa part héréditaire dans les biens qu'il laissera à son décès, et assurer sa part héréditaire à un enfant, c'est bien l'instituer héritier pour cette part. »

165. — V. *Société de tous biens.* — Par faveur pour l'association, la loi permet aux associés de mettre en commun les biens qui pourraient leur avenir par succession, donation ou legs, au moins quant à la jouissance (art. 1837).

(1) T. 15, n° 249.

166. — Il est très généralement admis que les associés peuvent faire tomber dans la société, quant à la jouissance, tout ou *partie* des biens qu'ils pourront recueillir dans les successions qui leur reviendront ; mais on décide généralement (1) qu'ils ne pourraient pas faire un choix entre les diverses successions qu'ils attendent : déclarer, par exemple, que les biens à provenir de telle succession non ouverte tomberont seuls dans la société, ou que ceux de telle autre succession future en seront exclus. On prétend que la loi n'établit ici d'exception aux règles du droit commun que quand il s'agit de successions indéterminées. C'est l'ancienne distinction des pactes sur successions déterminées ou indéterminées, dont on croit trouver une application dans l'article 1837. Or, nous avons essayé de montrer qu'en droit romain cette distinction, introduite par les anciens interprètes, n'avait aucun fondement sérieux. Elle n'est pas plus vraie en droit français, ni rationnellement ni au point de vue des textes : l'article 1837, en effet, est absolument général; il emploie le mot de *succession*, sans l'accompagner d'aucun autre, déterminée ou indéterminée, et nous n'avons pas le droit d'y ajouter.

167. — Ce n'est que pour la jouissance que les associés peuvent faire entrer dans la société leurs

(1) Larombière, *Obl.*, t. Ier, art. 1130, n° 35; Troplong, *Société*, t. Ier, n° 109.

biens à venir : « *toute stipulation*, dit l'article 1837 *in fine, tendant à y faire entrer la propriété* (1) *de ces biens est prohibée, sauf entre époux et conformément à ce qui est réglé à cet égard.* » Les époux seuls peuvent, aux termes de l'article 1526, établir par leur contrat de mariage une communauté universelle de leurs biens tant meubles qu'immeubles, présents et à venir, ou de tous leurs biens à venir seulement. D'ailleurs, en matière de contrat de mariage, les conventions sur successions futures autorisées sont très nombreuses : sous le régime de communauté légale, on met en commun les meubles et les immeubles à provenir de successions, les uns en propriété, les autres en jouissance seulement ; de même, les clauses de communauté conventionnelle consacrent de nombreux pactes sur successions futures.

168. — On s'est demandé si la jouissance des biens à venir entrait de droit dans une société de tous biens, ou s'il fallait une stipulation pour l'y faire entrer. L'opinion générale est que les fruits des

---

(1) M. Larombière, (*Obl.*, t. Iᵉʳ, art. 1130, n° 7), trouve là un argument à l'appui de sa thèse que les conventions sur succession future ne sont pas prohibées parce qu'elles contiennent le vœu impie de la mort ; car s'il en était ainsi, il aurait fallu faire une exception en faveur des stipulations sur des successions indéterminées et notamment en faveur de la société de tous biens, comme l'avait déjà établi le droit romain. M. Larombière oublie, d'abord que les associés peuvent mettre en commun au moins la jouissance de leurs biens à venir ; puis, nous avons par avance réfuté son argumentation en montrant que la distinction en successions déterminées et indéterminées n'a aucun fondement dans les textes.

biens à venir n'entrent dans la société de tous biens présents qu'en vertu d'une clause expresse, car la société de tous biens présents ne comprend naturellement que les biens que les associés possèdent actuellement. Toutefois M. Duranton (1) objecte que le texte de l'article 1837 n'indique pas seulement la possibilité pour les associés de comprendre la jouissance des biens à venir dans leur société ; la loi ne dit pas : les associés *peuvent* comprendre la jouissance des biens futurs dans leur société, elle dit que ces biens *n'y entrent que* pour la jouissance, ce qui signifierait qu'ils y entrent de droit. Mais pour repousser cette interprétation, il suffit de remarquer que l'article 1837, 2e alinéa, commence par ces mots : « Elles (les parties) *peuvent* aussi y comprendre toute autre espèce de gains » ; cette première proposition explique la suivante qui se réfère aux biens à venir : la loi dit qu'ils n'entrent dans la société que pour la jouissance, l'enchaînement des idées montre qu'elle pense seulement au cas de stipulation qui l'a préoccupée au commencement de l'alinéa.

169. — VI. *Constitution de dot.* — D'après l'article 1542, la constitution de dot peut frapper tous les biens présents et à venir de la femme, ou tous ses biens présents seulement ou une partie de ses biens présents et à venir, ou même un objet individuel. On décide généralement que la femme ne peut pas

(1) T. XVII, n° 351.

se constituer spécialement en dot les biens qu'elle
recueillera dans une succession déterminée. Nous ne
croyons pas cette restriction légitime et cela, pour
les motifs que nous avons déjà donnés à propos de
la société de tous biens : la loi ne distingue pas.
D'ailleurs, on est bien forcé de reconnaître la validité
de la constitution de dot portant sur l'émolument
d'une institution contractuelle ; on dit que dans ce
cas on ne fait que remplir la destination de la donation et répondre à l'intention même du donateur (1).
Cela est vrai, mais si les principes s'opposaient à la
constitution en dot d'une succession déterminée, il
faudrait les appliquer ici comme ailleurs.

170. — VII. *Hypothèque des biens à venir*. — Le
Code civil, après avoir posé en principe dans l'article 2129 que les biens à venir ne peuvent pas être
hypothéqués, autorise cependant l'hypothèque de
ces biens moyennant les deux conditions suivantes ;
il faut : 1° que les biens présents du débiteur soient
insuffisants pour la sûreté de la créance ; 2° que l'in-
suffisance des biens présents soit exprimée dans
l'acte (Art. 2130). De même si le gage hypothécaire
devient insuffisant par suite d'événements postérieurs
à la constitution, le créancier peut obtenir un supplément d'hypothèque portant sur les biens à venir
du débiteur (Art. 2131).

Ces dispositions ont fait l'objet de sévères criti-

____

(1) Larombière, *Obl.*, t. Ier, 1130, n° 38.

ques. « Quel est l'individu qui peut se faire un moyen de crédit de ses biens à venir, disait M. de Vatimesnil dans son rapport sur la réforme hypothécaire en 1850 (p. 20)? En général, c'est le fils de famille qui escompte ainsi d'avance la succession de ses parents. Et quels sont les hommes qui peuvent consentir à lui prêter sur un gage aussi éventuel? Trop souvent des usuriers qui trouvent dans l'énormité de l'intérêt ou dans des stipulations frauduleuses, l'équivalent du risque auquel ils s'exposent. »

171. — Quoiqu'il en soit, le législateur a consacré dans l'article 2130 un pacte sur succession future. Nous croyons, en effet, que cet article ne s'applique pas seulement aux biens que le débiteur acquerra à titre onéreux, mais encore à ceux qui lui proviendront de successions non encore ouvertes. Suivant certains arrêts (1) cependant, les biens à venir, que l'article 2130 permet d'hypothéquer, ne pourraient jamais être ceux provenant d'une succession future. « L'exception portée par l'article 2130 au principe posé dans l'article 2129 ne peut, dit la cour de Rouen, s'entendre des biens dont un individu a l'expectative pour lui appartenir par droit de succession, et l'article 2130, en donnant la faculté de consentir que les biens qui seront acquis par la suite demeureront affectés, à mesure des acquisitions, n'a en vue que

____

(1) Rouen, 8 août 1820; Dijon, 25 avril 1855; Dal., *Alphabét.*, v° *Priv. et hyp.*, n° 1304, note 1.

les acquisitions à titre onéreux et n'a pu prévoir la transmission de la propriété dans le cas de l'article 711 du même code, puisqu'il est de principe qu'on ne peut faire aucune stipulation sur une succession non ouverte, ni aliéner la succession d'une personne vivante. »

172. — Toute cette argumentation peut se résumer en deux mots qui en feront saisir le mal fondé : on ne peut pas admettre l'hypothèque des biens que le débiteur acquerra par succession, parce que ce serait aller contre la règle de l'article 1130. Mais qui empêche de voir dans l'article 2130 une dérogation à cette règle, dérogation qui s'explique facilement par la faveur attachée ici à l'hypothèque, et nous paraît résulter de la généralité des termes de l'article 2130 ? (1)

(I) Troplong, *Privilèges et hypothèques*, t. II, n° 540 bis.

CONCLUSION

Avant de clore ce travail, nous devons faire la
critique des dispositions du Code qui prohibent les
pactes sur succession future, nous devons nous
demander si, dans l'état de nos mœurs et de nos
idées, elles répondent à un sentiment profond de
nécessité. Des jurisconsultes éminents réclament
la liberté des pactes sur succession future : c'est
d'abord, M. Charles Brocher, président à la Cour
de cassation de Genève, dans une *étude sur la
légitime et les réserves*, qui a été couronnée par l'Aca-
mie des sciences morales et politiques en 1867 ;
c'est, ensuite le congrès des juristes suisses tenu à
Coire, le 6 septembre 1873, dans le but de poser
les bases de l'unification législative de ce pays, où
les pactes sur succession future étaient prohibés dans
la partie romande, conformément aux prescrip-
tions des lois françaises (1). Enfin l'École de la
Réforme sociale, par l'organe autorisé de M. Clau-

(1) Bulletin de la *Société de législation comparée*, t. 2-3, 1874, p. 399.

dio Jannet (1), a demandé que les pactes sur succession future soient permis pourvu que l'ascendant de la succession duquel on traite, y intervienne. Ce ne serait qu'un retour à la législation de Justinien et à l'ancienne jurisprudence française. « Les pactes sur successions futures, dit M. Claudio Jannet, sont surtout utiles pour favoriser l'émigration. Plus que jamais l'émigration des jeunes rejetons des familles souches, avec des pécules et sur un terrain soigneusement préparé, est nécessaire pour que la race française maintienne sa place dans la civilisation générale, au milieu de l'extension que prennent en Amérique, en Australie et dans l'Afrique du Sud, la race anglo-saxonne et la race allemande.....

« Vis-à-vis des enfants qui émigrent, le père de famille doit pouvoir prendre tous les arrangements possibles. Il leur donnera un pécule d'autant plus considérable qu'ensuite ils n'auront plus rien à prétendre sur le domaine patrimonial et que l'héritier associé pourra y consacrer sans crainte toute son autorité.

« Souvent aussi de pareils arrangements peuvent faciliter le mariage des filles.

« La raison en est que, dans l'un et l'autre cas, une somme d'argent, donnée vingt ou trente ans avant la mort du père, a beaucoup plus de valeur

(1) Le Play, *Organisation de la famille*, 3ᵉ Appendice, p. 414 et suiv.

pour un jeune ménage qui se fonde ou pour un émigrant, que des droits successoraux dont la réalisation est éloignée et incertaine. »

Ces réflexions ne manquent pas de justesse et nous ne saurions désapprouver la suppression dans les articles 1130 et 1600 de ces mots « *même avec le consentement de celui de la succession duquel il s'agit.* » M. Laurent, dans son *Avant-Projet de révision* du Code civil belge, ne les reproduit pas. L'article 1082, qui y occupe la place de notre article 1130, est ainsi conçu : « Les choses futures peuvent faire l'objet d'un contrat. On ne peut cependant, sous peine de nullité, renoncer à une succession non ouverte, ni faire aucune stipulation sur une pareille succession, *à moins que la convention ne se fasse avec le consentement de celui de la succession duquel il s'agit.* » Nous ne voyons aucune raison qui s'oppose à ce qu'une semblable modification soit apportée à notre propre code. La liberté absolue des pactes sur successsion future nous paraîtrait un abus ; l'éminent jurisconsulte belge dit avec raison dans les notes dont il fait suivre cet article 1082 : « Ce n'est pas qu'il y ait quelque chose d'immoral et de criminel dans les conventions sur une succession future, mais elles blessent les sentiments des convenances, la mort est un fait providentiel, il ne faut pas que les hommes en fassent l'objet d'un trafic. » Ces paroles rendent très bien les sentiments de haute convenance auxquels répond la prohibition générale des pactes sur succession future ; mais on conçoit qu'une pareille prohibition puisse recevoir quelque limite sans aucun inconvénient.

Il est cependant une hypothèse que nous voudrions voir entièrement réservée et frappée comme aujourd'hui d'une pleine interdiction ; c'est la renonciation aux successions futures, parce qu'en général elle n'est pas éclairée et qu'elle manque de liberté. C'est, d'ailleurs, surtout en vue de ce cas particulier, croyons-nous, que le Code civil avait ajouté la disposition dont nous demandons une abrogation partielle : il redoutait, en effet, avec raison que si les particuliers pouvaient, par des conventions approuvées du *de cujus*, renoncer à leurs droits successifs, ils ne portassent atteinte au principe d'égalité qui faisait la base de la loi des successions.

Mais cette hypothèse mise de côté, nous ne voyons aucune bonne raison qui puisse empêcher la modification demandée par des jurisconsultes éminents.

Notons cependant que l'article 1118 du nouveau Code civil du royaume d'Italie, reproduit la prohibition complète de notre code : « Les choses futures, y est-il dit, peuvent faire l'objet d'un contrat. On ne peut cependant renoncer à une succession non encore ouverte, ni faire aucune stipulation sur cette succession, soit avec celui de la succession duquel il s'agit, soit avec des tiers, *même avec son consentement.* »

M. Boissonnade, dans son *Projet de Code civil* pour
l'Empire du Japon (1), insère de même un article
342 ainsi conçu : « Une convention peut avoir pour
objet des choses futures et dont l'existence est
incertaine ; dans ce cas, le promettant est tenu de
ne rien faire pour en empêcher ou en restreindre la
réalisation ; il ne doit non plus rien omettre ou
négliger de ce qui peut la favoriser.

« Néanmoins on ne peut faire aucune convention
donnant ou ôtant des droits à une succession non
ouverte, *même avec le consentement de celui de la
succession duquel il s'agit,* si ce n'est dans les cas formellement exceptés par la loi. » Le savant jurisconsulte ajoute dans l'explication de cet article : « La loi
ne permet même pas cette convention avec le consentement du *de cujus,* parce que celui-ci pourrait
être capté ou circonvenu, et que, d'ailleurs, son autorisation ne diminuerait pas le *danger.* »

Nous croyons cependant que c'est être un peu
sévère pour ceux qui traitent sur des successions
futures ; on rencontre, en effet, tel pacte sur succession future extrêmement favorable, que l'on doit
annuler dans l'état actuel de notre législation et qu'il
est regrettable de ne pas permettre et de ne pas
encourager (2). Voilà pourquoi nous maintenons nos

---

(1) T. II, p. 107, 2ᵉ édit.
(2) Voy. notamment Laurent, *Avant-Projet de révision du Code civil
belge,* t. IV, p. 65 et 66.

premières conclusions, d'accord avec M. Laurent et les esprits éminents dont nous avons exposé les desiderata.

POSITIONS

Positions prises dans la thèse

I. — Les lois 1 et 7, D., *de her. vel act. vend.*, 18, 4, qui déclarent nulle pour défaut d'objet la vente de la succession d'une personne vivante, prévoient l'hypothèse où les parties contractantes croient à tort cette succession ouverte.

II. — Le Droit romain ne permettait pas la donation de biens à venir.

III. — Les pactes sur successions indéterminées étaient interdits aussi bien que les pactes sur successions déterminées.

IV. — La l. 30, C., *de pactis*, ne fait exception que pour les pactes conclus par des tiers relativement à la succession d'une personne vivante.

Positions prises hors de la thèse

I. — Dans les obligations à terme, une interpellation est nécessaire en règle générale pour mettre le débiteur en demeure. Mais quand une obligation à terme est accompagnée d'une stipulation de peine, la *pœna* est commise par la seule arrivée du terme, alors « *dies interpellat pro homine.* »

II. — Les *correi promittendi*, même *non socii*, jouissent du bénéfice de cession d'actions.

III. — L'action *præscriptis verbis* est toujours une action de bonne foi.

IV. — Le consentement des enfants à la légitimation n'est pas exigé d'une manière expresse, il suffit qu'ils ne manifestent pas d'opposition.

DROIT CIVIL.

Positions prises dans la thèse

I. — Les pactes sur succession future ne sont pas prohibés d'une manière générale comme entachés du vice de lésion, mais à cause de leur immoralité.

II. — Le donataire de biens à venir ne peut pas, du vivant du donateur, traiter sur les droits dont il est investi.

III. — La condition de renoncer à une succession non encore ouverte, mise à une donation ou à un legs, n'est pas licite.

IV. — On ne peut ni stipuler ni promettre pour un seul ou pour quelques-uns seulement de ses héritiers.

V. — Les pactes sur succession future ne sont pas susceptibles de confirmation.

VI. — La clause d'association à une donation de biens à venir n'est pas valable.

VII. — L'hypothèque des biens à venir porte sur les biens que le débiteur peut acquérir par succession.

Positions prises hors de la thèse

I. — L'action en garantie contre les architectes ou entrepreneurs à raison de leurs travaux se prescrit par dix ans à compter de la réception de ces travaux.

II. — Le mari n'est pas personnellement obligé par les contrats que sa femme passe avec son autorisation.

III. — Les contrats entre absents se forment au moment de l'émission de l'acceptation.

IV. — Pour que le locataire chez lequel le feu a pris, soit responsable de l'intégralité du dommage causé par l'incendie, il faut prouver contre lui qu'il y a faute de sa part ; sinon, il n'est responsable que pour la valeur de son appartement.

HISTOIRE DU DROIT.

L'institution contractuelle tire son origine de l'adfatimie de la loi salique.

DROIT DES GENS.

I. — Les faits délictueux, commis à bord d'un navire de commerce dans un port étranger, ne sont pas de la compétence des tribunaux de l'État étranger, si ces faits n'ont pas compromis la tranquillité du port ou si le secours de l'autorité locale n'a pas été réclamé.

II. — Le blocus des embouchures d'un fleuve n'est

légitime que si tout le cours navigable du fleuve se trouve en pays ennemi.

DROIT CRIMINEL.

Lorsqu'un individu, traduit devant la cour d'assises, nie son identité avec un condamné par contumace, c'est le jury et non la cour qui est juge de la question d'identité.

PROCÉDURE CIVILE.

En cas de défaut du demandeur, il n'y a lieu qu'à un simple congé de l'ajournement et le demandeur peut reprendre son action en dehors des formes de l'op-ᶜposition.

Vu par le Doyen,
Ch. Beudant.

Vu par le Président de la Thèse,
J.-E. Labbé.

VU :
et permis d'imprimer,

*Le Vice-Recteur
de l'Académie de Paris,*

Pour le Vice-Recteur,
L'Inspecteur de l'Académie,
G. Morel.

TABLE DES MATIÈRES

DE LA PROHIBITION DES PACTES

SUR SUCCESSION FUTURE

DROIT ROMAIN

DROIT FRANÇAIS

PREMIÈRE PARTIE

Imp. G. Saint-Aubin, 12 rue de Bar, Saint-Dizier, (Haute-Marne).

Imprimerie G. Saint-Aubin, 12, rue de Bar, Saint-Dizier (Haute-Marne).

9 782014 089134